Ortfried Pörsel

Die Wetterhexe

Neue Klanggeschichten

für
Musik- & Grundschule,
Fachschule & -akademie

FIDULA

Umschlaggestaltung: Andrea Montermann

Fidula-Verlag
Postfach
D-56154 Boppard am Rhein
Tel. 0 67 42 - 2488 / Fax: - 2661
www.Fidula.de

& A-5033 Salzburg/Austria
Tel. 0662-821814 / Fax 0662-821814-14

Best.-Nr. 123

ISBN 3-87226-123-1

VORWORT

Die vorliegenden Klanggeschichten sind Beispiele für die musikalische Arbeit in der Musik- und Grundschule.

Ihre Themen reichen vom „Tüten knallen" über Phantasiegeschichten wie „Graf Tulp von Pümpel" bis zu einer einfachen Weihnachtsgeschichte.

Es sind Geschichten dabei, die innerhalb einer Unterrichtsstunde erarbeitet werden können, aber auch solche, die im Unterricht versierter Gruppen als Projekt in Frage kommen.

Dem Angebot an Klanggeschichten wurde eine alphabetisch angeordnete Übersicht der verwendeten Klänge vorangestellt.

Sie kann bei der Erarbeitung eigener Klanggeschichten nützlich sein.

Viel Freude und Erfolg wünscht Ihnen

Ortfried Pörsel

LITERATUR

1. Bräuer, Heinz-Jürgen: „Die Menschen stärken – die Sachen klären" in Große-Jäger, Hermann (Hrsg.) musikpraxis, Heft 66, Fidula

2. Große-Jäger, Hermann (Hrsg.): Methoden zur Verklanglichung von Erzählungen, musikpraxis, Jahresband 1985

3. Große-Jäger, Hermann (Hrsg.): „Geschichten, die Musik werden" musikpraxis, Heft 29

4. Große-Jäger, Hermann (Hrsg.): „Musikerziehung und die unterschiedlichen Auffassungen von Weihnachten heute (Standortbestimmung)" musikpraxis, Heft 56

5. Große-Jäger, Hermann (Hrsg.): „Klänge, die die Sprache herausfordert" musikpraxis, Heft 63

6. Neuhäuser, Meinolf: „Klangspiele, Neues Spielmaterial für die Schule" Verlag Moritz Diesterweg, Frankfurt, 1975

7. Pörsel, Ortfried: „Einzelbeispiele für Verklanglichungen" in: Große-Jäger, Hermann (Hrsg.): musikpraxis, Hefte 36, Jahresband 1990, Hefte 50 und 56

8. Schwarting, Jutta: „da capo – Klingende Geschichten für Vorschul- und Grundschulkinder" Fidula

9. Schmitter-Wallenhorst, Brigitte: „Pentatonik – Fünf Töne für den leichten Zauberklang" musikpraxis, Heft 81

INHALT

VOM ERSTEN MUSIZIEREN ZUR KLANGPARTITUR

1. ORFF-INSTRUMENTE IM MUSIKUNTERRICHT

Stabspiele haben für Kinder einen starken Aufforderungscharakter. Sie sind leicht zu handhaben und ermuntern zum Spielen einfacher Melodien auf dem Glockenspiel.

Für eine schlichte Begleitung eignen sich – vom Grundschlag ausgehend – Klanghölzer, Triangel und Handtrommel als Rhythmusinstrumente. Ostinate Begleitformeln auf dem Xylophon und Metallophon stützen die Melodie und füllen den Klang.

Diese Art des Musizierens kommt dem Bedürfnis der Kinder nach musikalischer Betätigung entgegen.

Daneben hat sich im Unterricht der Grundschule eine weitere Art des Musizierens mit Orff-Instrumenten etabliert. Angeregt durch die Programmmusik von Berlioz, Liszt, Smetana und Strauss bot sich die Möglichkeit, auch im Musikunterricht Gedichte und Geschichten mit Klängen und Geräuschen zu untermalen. Auf Stabspielen und Rhythmusinstrumenten erfinden dabei die Kinder Klänge und Geräusche, die bestimmten Ereignissen einer Handlung entsprechen. Gegenstände aus ihrem Hörumfeld lassen sich als Geräuscherzeuger gelegentlich für noch genauere Effekte einsetzen.

Diese Erarbeitung von Klanggeschichten erweitert den Spielraum der Musikarbeit in der Grundschule. Sie fördert Kreativität und Freude am Musizieren, nicht zuletzt auch durch die rasche und einfache Umsetzung von Ideen in Klänge und Geräusche.

Ortfried Pörsel: Die Wetterhexe • Neue Klanggeschichten © FIDULA

2. THEMEN UND OPTISCHE MERKHILFEN

Für den Einstieg in die Arbeit mit Klanggeschichten eignet sich beiläufiges Unterstützen von Bewegungsarten wie Gehen, Laufen, Springen, Ballhüpfen und Fallen, die sich im Unterricht spielerisch ergeben. Als Geräusche isoliert und wieder eingebunden in eine kurze, frei erfundene Handlung mit passendem Titel (etwa: „Wir spielen Fangen"), entsteht die erste mit Kindern erarbeitete Klanggeschichte.

Sind auf diese Weise einige Geschichten erarbeitet, können die Kinder auch zu einem vorgestellten Kurztext passende Klänge und Geräusche finden. Die Arbeit beginnt diesmal vom Text aus. Einfache Texthandlungen prägen sich leicht ein. Wird die Handlung umfangreich, können kleine Abfolgeskizzen an der Tafel als Merkhilfen dienen. Sie geben die Reihenfolge des Ablaufs an (Beispiel: „Fridolin der Jogger").

Bei längeren Geschichten ergibt sich jedoch die Notwendigkeit, die einzelnen Klang- und Geräuschaktionen nach Reihenfolge und Art genau festzuhalten. Es wird also nötig, die gefundenen Klänge und Geräusche an der Tafel festzuhalten. Dies sollte in knapper und eindeutiger Form geschehen. Für größere Projekte empfiehlt es sich nach der Erarbeitungsphase, Partiturblätter zum Einprägen der erarbeiteten Endfassung auszugeben.

Darüber hinaus ist es bei der Arbeit mit versierten Gruppen möglich, von vorgegebenen Vorlagen (Arbeitsblättern) für die gezielte Einübung einer Klanggeschichte auszugehen, beispielsweise zur Aufführung bei größeren Schulveranstaltungen.

3. SYMBOLE FÜR INSTRUMENTE

In der Praxis des Musikunterrichts wurden für die Erarbeitung von Klanggeschichten Symbole für Instrumente gefunden, die von den Kindern als brauchbar angesehen wurden. Dafür gelten folgende **Kriterien**:

- **Abstraktion**

Ein Symbol für ein Instrument sollte keine bildhafte Darstellung dieses Instruments sein, sondern die Vereinfachung auf die typische Grundform. Alle verzichtbaren Details fallen weg. Aus einer Reihe von Vorschlägen (Tafelskizzen) der Schüler wurde jeweils derjenige ausgesucht, der die größte Zustimmung fand.

- **Eindeutigkeit**

Um Missverständnisse beim Erkennen eines Symbols zu vermeiden, mussten Zusätze akzeptiert werden, die seine Eindeutigkeit sicherten. Deshalb wurde die Grundform ⌐A X⌐ für Stabspiele zusätzlich mit Buchstaben versehen (**SG**, **AG**...), um das gemeinte Stabspiel eindeutig zu bezeichnen. Ein Verzicht auf die Trapezform als Grundform ist zwar möglich, geht aber auf Kosten der Symbolkraft des Zeichens. Bei älteren Schülern könnte die Trapezform entfallen. Dies wäre dann eine Frage gegenseitiger Vereinbarung zwischen den Beteiligten. Eine Ausnahme bilden unter den hier verwendeten Symbolen die Gitarre (**GIT**) und die Blockflöte (**BFL**), bzw. der Blockflötenkopf (**BFLK**), deren Formen an der Tafel als zu umständlich und deshalb zu aufwendig angesehen wurden.

- **Leichte Darstellbarkeit**

Die Symbole der Instrumente sollten rasch zu zeichnen sein, damit Tafelnotizen den Unterrichtsablauf nicht unnötig aufhalten. Deshalb ist die Anzahl der Einzelteile auf die Mindestzahl reduziert. Die Schellen des Schellenstabes beispielsweise werden durch eine einzige Schelle dargestellt ⟟ , die des Schellenkranzes sind durch zwei Schellen vertreten ⟠ , die der Schellentrommel ⟠ ebenfalls nur durch eine einzige Schelle, weil der Eindruck der Handtrommel ◯ so am besten erhalten bleibt..

Ortfried Pörsel: Die Wetterhexe • Neue Klanggeschichten © FIDULA

Die Form der Guiro ⋖⋍ ergab sich aus der Form des vorhandenen Instruments, die einer Fischform ähnelt. Der Strich symbolisiert den Holzstab, der zum Instrument gehört. Zur Unterscheidung der Spielweisen der Handtrommel (Hand oder Lammfellschlägel) wurde die Handtrommel mit Schlägel (Q) als eigenes Symbol eingeführt. Die Holzblocktrommel ⊏⊐ behielt den charakteristischen Spalt, der dieses Symbol von dem des Schüttelrohrs ▭ unterscheidet, beide jeweils von der Seite gesehen. Die Symbole der übrigen Instrumente entsprechen der typischen Grundform, wobei die Form des Schnarrensymbols ⌐♩ der Instrumentalform am meisten entspricht, was aber wegen ihres seltenen Einsatzes vertretbar ist.

- **Signalwirkung**

Je einfacher, klarer und eindeutiger das Symbol eines Instruments, um so rascher ist es zu erkennen und um so stärker ist folglich seine Signalwirkung auf die Schüler.

Dies erleichtert das Erarbeiten von Klanggeschichten nach vorgegebener Klangpartitur und gibt Sicherheit bei einer Aufführung.

Eine optische Hilfe für das **Einprägen der Symbole** bietet eine Übersicht auf einer Wandtafel des Raumes oder ein Fries aus einzelnen Stecktafeln mit jeweils einem Symbol und dem entsprechenden Namen des Instruments. Eine weitere Möglichkeit optischer Unterstützung beim Einprägen der Symbole wäre die Darstellung von Instrumenten-gruppen auf Plakatkartontafeln (z. B. für Stabspiele, Trommeln, Rasseln).

Für untere Jahrgänge ist ein selbstgefertigtes Lottospiel als Hilfsmittel einsetzbar, das auf zwei Arbeitsblättern vorbereitet und als Bastelaufgabe mit den Kindern angefertigt werden kann.

4. ZUSÄTZLICHE ZEICHEN

Bei der Erarbeitung einer einfachen Partitur können zusätzliche Zeichen verwendet werden. Möglich sind:

<u>Lautstärke:</u>

f =   forte   =   laut   p   =   piano   =   leise

ff =   fortissimo =   sehr laut   pp =   pianissimo   =   sehr leise

—————————— = lauter werden

—————————— = leiser werden

<u>Tempo</u> / <u>Klangdichte:</u>   <u>Klangdauer:</u>

. . . . . . = langsam   O   O   = Schwebeklänge

. . . . = schnell   O O O O O O O = Punktklänge

<u>Klangverläufe:</u>

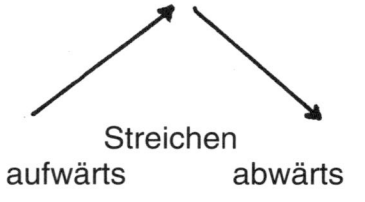
Streichen
aufwärts   abwärts

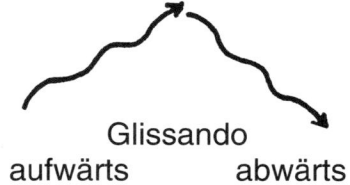
Glissando
aufwärts   abwärts

Kreisen

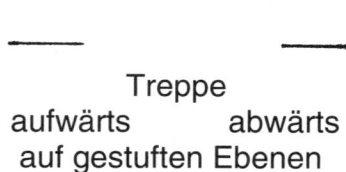
Treppe
aufwärts   abwärts
auf gestuften Ebenen

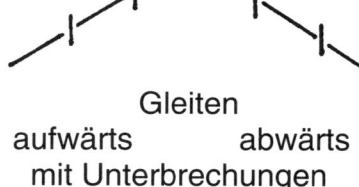
Gleiten
aufwärts   abwärts
mit Unterbrechungen

Schweifen
hin und her

In den folgenden Partituren werden die Lautstärke-Bezeichnungen **f, ff, p, pp** verwendet, dazu die Bezeichnungen **mäßig, rasch, lauter werdend, leiser werdend, langsamer werdend, verklingen lassen.** Erfahrungsgemäß sind Kinder bereit, diese Zusatzzeichen für Spielweisen zu akzeptieren, wenn sie diese für hilfreich halten. Je nach Bedarf lässt sich das Angebot erweitern oder variieren. Eine zusätzliche Erleichterung bei der Erarbeitung einer Klangpartitur sind die Gliederung des Ausgangstextes in nummerierte Abschnitte und der Fettdruck der **Signalwörter**, die den Einsatz bestimmter Instrumente markieren. Bei der Arbeit mit Partitur-Arbeitsblättern sind Farbmarkierungen dafür ebenfalls vorteilhaft.

5. Zur Erarbeitung der angebotenen Klanggeschichten

- **Inhalt und Thematik**

Jeder Klanggeschichte ist eine kurze Inhaltsangabe vorangestellt. Dadurch kann die Erzieherin oder Lehrkraft vorab entscheiden, ob Inhalt und Thematik die Kinder ansprechen. Gegebenenfalls können zwei oder mehrere Themen anhand der Inhaltsangaben zur Auswahl angeboten werden.

- **Schwierigkeitsgrad**

Zur weiteren Vorinformation wird der Schwierigkeitsgrad in Form von einem bis drei Symbolen angegeben. Es bedeuten:

= leicht

= mittelschwer

= schwer

Diese Kennzeichnung ist relativ: je nach musikalischer Kompetenz der Gruppe oder Klasse und einzelner Kinder, je nach Vorerfahrungen und individueller Begabung. Im Prinzip lässt sich durch die Kennzeichnung aber vorab ein Vergleich vornehmen.

- **Bemerkungen**

Bei jeder Klanggeschichte habe ich erklärt, wie sie eingeführt und erarbeitet werden kann und worauf man dabei besonders achten sollte. So lässt sich auch leichter entscheiden, ob sie für eine bestimmte Klasse oder Gruppe geeignet ist.

- **Anpassung an die situativen Gegebenheiten**

Die angebotenen Klanggeschichten sind Vorlagen, die Sie je nach den Gegebenheiten an Ihrer Schule vereinfachen oder zusätzlich ausgestalten können. Für die Improvisationen können Sie pentatonische Reihen verwenden, die schwebende Klänge erzeugen und Reibungen (Disharmonien) vermeiden. Dazu müssen bestimmte Klangstäbe aus der diatonischen Reihe entfernt werden.

Beispiele:	Tonreihe	Entfernte Klangstäbe
	e – g – a – h – d	c , f
	a – c – d – e – g	h , f
	c – d – f – g – b	e , a , h ,
	fis – a – h – d – e	f , g , c

Scheuen Sie sich auch nicht, die instrumentale Besetzung zu vereinfachen. Klangähnliche Instrumente können gegeneinander ausgetauscht werden, wenn ein bestimmtes vorgeschlagenes Instrument nicht vorhanden sein sollte (z.B. Bass-Xylophon statt Einzelklangstab, Schellenkranz statt Schellenstab). Der parallele Einsatz mehrerer gleicher Instrumente (z. B. Stabspiele) ist ebenfalls möglich, wenn die Kinder schon synchron spielen können.

Dasselbe gilt für die Behandlung einer Geschichte. Entsprechende Vorschläge der Kinder sollten aber auf Ergiebigkeit der klanglichen und geräuschmäßigen Umsetzung überprüft werden. Sie können auch spielerische oder tänzerische Varianten einbauen, wo sich das thematisch anbietet.

- **Erarbeitung eigener Klanggeschichten**

Um die Erarbeitung eigener Klanggeschichten zu erleichtern, habe ich mit Kindern die in der folgenden Tabelle aufgeführten Symbole für Instrumente ausgewählt und verwendet. Eine alphabetische Übersicht sehen Sie im folgenden Verzeichnis.

Darüber hinaus finden sich zusätzliche Anregungen bei Jutta Schwarting (Da capo – Klingende Geschichten, Fidula-Nr. 121).

INSTRUMENTEN-SYMBOLE

Symbol	Instrument	Symbol	Instrument
SG	Sopran-Glockenspiel		Handtrommel
AG	Alt-Glockenspiel		H. mit Schlägel
AM	Alt-Metallophon		Schellentrommel
SX	Sopran-Xylophon		Pauke
AX	Alt-Xylophon		Schellenreifen
BX	Bass-Xylophon		Schellenstab
	Metallophon-Klangstab		Schellenkranz
	Xylophon-Klangstab		Glockenkranz
	Klanghölzer		Triangel
	Holzblocktrommel		Cymbeln
	Röhrenholztrommel		hängendes Becken
	Schüttelrohr		Kettenrassel
	Kugelrassel		Schnarre
	Kastagnetten	**BFL(K)**	Blockflöte(nkopf)
	Guiro	**GIT**	Gitarre

VORSCHLÄGE ZUR KLANGGESTALTUNG

TÄTIGKEITEN & GEGENSTÄNDE		AUSFÜHRUNG
Abkühlen		Tischventilator
Ablehnung		ein harter Schlag
		schütteln
Abschluss		1 Schlag, verklingen lassen
abzählen		entsprechend viele Schläge im Abzähltempo
Angst		mit zwei Schlägeln am Rand vibrieren (Gabelgriff)
Anstrengung		Stimmimitation
Äpfel am Baum	SG	verschieden hohe Töne
Ärger		mehrfach heftig anschlagen
ärgerlich sein		energisch anschlagen
Aufforderung		ein verhaltener Schlag
		1x anschlagen
		in die Hände klatschen
aufladen	AX	Glissando aufwärts, danach
		1 x mit flacher Hand patschen
aufregen		aneinander vibrieren lassen
aufspießen		1 Schlag mit Holzschlägel
aufwachen	SG / AX	Glissando aufwärts
Augen, große machen		mit Fingerkuppen zwei kleine Kreise auf dem Trommelfell
Automotor		Stimmimitation

TÄTIGKEITEN & GEGENSTÄNDE		AUSFÜHRUNG	
baden		Jazzbesen oder Pinsel auf Alufolie hin und her streichen	**B**
Baum		dumpfe weiche Schläge, sehr dicht	
bedauern		1 x leise anschlagen	
beobachten		1 x leise anschlagen	
Betonung eines Wortes		1 x nach dem Wort	
biegen	GIT	Saite zupfen, dann mit Finger gleitend verkürzen	
blasen		Stimmimitation	
Blitz		mit Metallstab anschlagen	
		hart anschlagen	
		mit Metallstab anschlagen	
		energisch anschlagen und abdämpfen	
blubbern		Mundgeräusch	
		durch Trinkhalm in wassergefülltes Gefäß blasen	
bocken		heftig mit den Fingern auf den Rand schlagen	
braten		hin und her schütteln	
		Alufolie knittern	
brodeln		Mundgeräusch mit Trinkhalm langsam in wassergefülltes Gefäß blasen	

TÄTIGKEITEN & GEGENSTÄNDE	AUSFÜHRUNG	
Donner, Donnergrollen	Dosendeckel / Topfdeckel anschlagen und reiben großes Weichblech biegen	**D**
	Tremolo, unterschiedlich laut	
das Dunkel	weicher Wirbel	
duster	wie „das Dunkel"	
eilen	im Tempo der Bewegung	**E**
	rasche Schuhtritte	
eingießen	Wasser in Gefäß gießen	
Einleitung	anschlagen und verklingen lassen	
einwickeln	Fingerkuppen kreisen auf Trommelfell	
Engel	GIT mehrfach Saite zupfen einen Ton mehrfach leise anschlagen, klingen lassen	
Engelerscheinung	1 Schlag, nicht zu laut, dann leises Tremolo am Becken- rand (2 Schlägel, Gabelgriff)	
entfernen, sich	leiser werden	
Entschluss	1 Schlag	
Enttäuschung	1 verhaltener Schlag	
	eine Cymbel, mit Filzschlägel geschlagen	
Esel	Stimmimitation oder langsam streichen, danach	
	1 x kurz ratschen	

Ortfried Pörsel: Die Wetterhexe • Neue Klanggeschichten © FIDULA

TÄTIGKEITEN & GEGENSTÄNDE		AUSFÜHRUNG	
Feder spannen	GIT	1 Saite anschlagen und auf Bund verkürzen	F
flattern		Tücher ausgebreitet hin und her schlagen	
Frage	△	1 leiser Schlag	
Freude		in die Hände klatschen	
	⊣⊢	1 x oder öfter anschlagen	
frieren	○— ⊓	hin und her	
frösteln		wie „frieren"	
Furcht	♀	gleichmäßig schütteln	
	⌐/	Gabelgriff am Rand	
	⊣⊢	Tremolo leise	
gähnen		Stimmimitation	G
geben	○	mit flacher Hand patschen	
Gefahr	⊘	leises Tremolo	
Gerümpel		Stuhl rücken, Blechbüchsen und Kartons werfen	
Gesicht, langes machen	AX	verzögertes Glissando aufwärts mit Schlägelstiel	
Gesicht waschen		Hände aneinander patschen und reiben, Wasser aus Kanne in Schüssel gießen	
Glocke, groß	⌐/	mit Filzschlägel Turmuhr: mit Metallstab am Rand anschlagen	
Glocke, klein	⊣⊢	1 Cymbel mit Filzschlägel Turmuhr: mit Metallstab am Rand anschlagen	

TÄTIGKEITEN & GEGENSTÄNDE	

TÄTIGKEITEN & GEGENSTÄNDE			AUSFÜHRUNG	
glucksen			Stimmimitation durch Trinkhalm in wasser- gefülltes Gefäß blasen	
Glück	SG	SX	kurze improvisierte Melodie 2 Weingläser anstoßen	
Haare raufen	GIT		mehrere Saiten gleichzeitig	**H**
Haselnüsse	▭-▭		mehrmals hoch und tief	
heben	AX		Glissando aufwärts, danach	
	◯		1 x mit flacher Hand patschen	
herumirren, herumlaufen	◯		Hartkugel auf umgekehrter Handtrommel rollen	
herunterspringen	SG	SX	Glissando abwärts, danach	
	◯		1 x mit flacher Hand patschen	
Himmel	△		1 x leise, dazu summen und Vogelzwitschern	
hinaufklettern (Baum)	SG	SX	Glissando aufwärts	
hinterherschauen	AX		Glissando in Teilen aufwärts	
hinunterrollen	SG		Glissando mit Schlägelstiel abwärts	
Hitze	⊣⊦		leise anschlagen und zwei Bögen ziehen	
hochwerfen	SG		Glissando aufwärts	
holen, etwas	‖		im Tempo der Bewegung erst leiser, dann lauter werden	
hüpfen	SX		kurzes Glissando aufwärts / abwärts mit Unterbrechung	
Hunger	⋖>		langsam ratschen (= knurrender Magen)	

Ortfried Pörsel: Die Wetterhexe • Neue Klanggeschichten © FIDULA

TÄTIGKEITEN & GEGENSTÄNDE		AUSFÜHRUNG	
joggen	‖	im Lauftempo Schuhe auf Fußboden Hände am Tischrand Laufschuhe auf Sand mit flachen Händen abwech- selnd auf die Oberschenkel patschen	**J**
Katze		Stimmimitation	**K**
Katzenaugen	SG	CD 2x gleichzeitig (Gabelgriff)	
Katzenpfoten, laufende	◯	mit Fingern tippen	
Kaugummi ausspucken		Stimme: Spuckgeräusch vor „Flüstertüte"	
kitzeln	SG	3 benachbarte Töne, mit Schlägelstabende hin und her	
	△	Tremolo im oberen Eck	
klingeln	△	Tremolo im oberen Eck	
knautschen		Luftballon oder Gymnastik- ball eindrücken und reiben	
kneten		Luftballon reiben	
Komet	⊣⊢	Cymbel mit Filzschlägel, gleich anschließend	
	△	mehrmals leise	
kommen	‖	im Schritttempo, lauter werdend	
Kopf, sich zerbrechen	🐟	mehrmals langsam	
Kuckucksruf		Stimmimitation Kuckucksflöte Blockflöte (kleine Terz)	
Kühle	⊓	mit Schlägelstab auf den Ketten hin und her	

TÄTIGKEITEN & GEGENSTÄNDE	AUSFÜHRUNG	
lachen		Stimme
		im Lachrythmus
laufen		im Lauftempo
		Schuhe auf Fußboden
		Laufschuhe auf Sand
		Hände auf Tischkante
		mit flachen Händen abwech-
		selnd auf die Oberschenkel
		patschen
lauschen		2 Finger über das Trommel- fell ziehen
Leiter ausziehen (dreiteilig)	BX	Glissando aufwärts, in drei Abschnitten
Leiter zusammenschieben (ebenso)	BX	Glissando abwärts, in drei Abschnitten
malen		mit Pinsel oder Jazzbesen streichen
Maus im Laub		Papier oder Alufolie knittern
Meise		Stimmimitation („Zizibe!")
	SG	G-G-E
Menschenauflauf		durcheinander, verschiedene Tempi
		dazu:
		verhalten durcheinander
Nacht		Tremolo
		Tremolo auf C
neigen, sich	SG AX	Glissando abwärts

TÄTIGKEITEN & GEGENSTÄNDE	BFL	AUSFÜHRUNG	
Park		Stimmimitation „Vögel"	**P**
		Zwitschermundstück	
		Kuckucksruf, Meisenruf	
	BFL	G – E, G – G – E	
Patsch!		Schachtel flach auf Tischplatte	
		Hand flach auf Oberschenkel	
platschen (Regentropfen)	A X	mit Fingerkuppe anschlagen	
	◯	mit Fingerkuppen federnd	
platschen, ins Wasser		Papierbogen mit Schlägeln	
		leicht anschlagen	
		Sandschachtel auf Hand	
		schlagen	
		Stimme: „Tsch!"	
pochen	◯	mit Filzschlägel	
		Fingerkuppen auf Gegenstand	
		mit Filzschlägel	
		Knöchel der Faust auf Holz	
pusten		Stimmimitation	
Ranzen auf die Erde stellen		flache Hand auf Tischfläche	**R**
rascheln		Papier oder Alufolie bewegen	
Regenbogen	⊣⊢	1 x anschlagen und 2 Halb-	
		kreise beschreiben	
Regentropfen	◯	einzelne Finger auf dem	
		Trommelfell abfedern lassen,	
		Fingerkuppen auf Tischplatte	
		oder andere Gegenstände	
reiten	▭–▭	hoch – tief im Wechsel	
		Zungeschnalzen	
	▭	Schlägelstiel im Spalt	
	‖	in der Schrittart (Trab, Galopp)	
rütteln		energisch schütteln	

TÄTIGKEITEN & GEGENSTÄNDE		AUSFÜHRUNG	
Schafe		Stimmimitation Tierstimmendose wenden	S
schaudern	○— ☐	schütteln	
schimpfen	○ ○ ||	energisch mehrfach anschlagen	
schlängeln	AX	Glissandi auf und ab	
schlafen		Stimmimitation	
schleichen	○	mit Fingerkuppen kurz streichen, im Schleichtempo, Schuhe leise aufsetzen	
Schlüssel, im Türschloß		Schlüsselbund schütteln	
	○	knapp schütteln	
schnarchen		Stimmimitation	
Schneedecke	SG	C + E Tremolo, gleichzeitig	
Schneeflocken	SG	verschieden hohe Einzeltöne	
Schneekugel rollen	○	Flummi in Handtrommel rollen	
schneien		wie „Schneeflocken"	
Schrankwand	AX	Klangstab leicht auflegen und schieben	
Schreck	☖	kurz anschlagen	
schreiben	○	mit Fingernagel oder Bleistiftende auf Trommelfell od. Holz	
Schwanz verhudeln Schwanz wedeln	SG AX	Rollbewegung, auch gegenläufig	
schweben	AM ☐	1 Ton mit weichem Schlägel	
schwer heben	AX	Einzeltöne rasch aufwärts	
Schwert aus der Scheide ziehen	SG AG	schnelles Glissando aufwärts	
schwül	SG	Tremolo auf 2 hohen Tönen	

Tätigkeiten & Gegenstände	Ausführung
sehen, nach oben	Glissando aufwärts
Sonne	leise Einzelschläge einzeln verklingen lassen Einzeltöne mit Schlägelstiel einzeln verklingen lassen
spannen	1 Saite gleitend verkürzen
Spannung	Tremolo mit Lammfellschlägel
	Wirbel mit 2 Schlägeln
springen, vom Baum	Glissando abwärts, danach Schlusston noch einmal oder 1 abgedämpfter Flachhandschlag
springen, aus dem Bett	Fußgeräusch (springen)
	2 Schläge, nicht zu laut
stapeln	aufsteigend Doppeltöne wiederholen
staunen	1 x leise
	1 x am Rand
steigen (Drachen)	unregelmäßiges Glissando aufwärts
Sterne	frei improvisierend, dazu
	gelegentlich leise
	leises Tremolo für „Nacht"
Straße	Stimmimitation: Automotor, Bus, Straßenbahn, Motorrad, Martinshorn
	Laufgeräusch
strömen (Regen)	Wirbel mit Fingerkuppen auf Trommelfell u. Gegenstände
summen	Stimme

TÄTIGKEITEN & GEGENSTÄNDE		AUSFÜHRUNG	
Telefon		Stimmimitation	T
	△ (Tremolo)	Tremolo im oberen Eck	
Tor öffnen	🐟	1 x langsam	
Traum	SG	improvisieren, dazu	
	AM	lange Töne auf C	
Traurigkeit	BX	C+D (Gabelgriff) gleichmäßig	
	🔔 C	gleichmäßig	
Treppe, hinunter oder hinauf	BX AX	in Tonschritten abwärts oder aufwärts	
Tür aufschließen		Schlüssel in altem Schloss drehen, mit Schlüsselbund rasseln	
	🔑 ⭕	kurz schütteln	
Tür knallen		Tür ins Schloss fallen lassen Handschlag auf Tischplatte Lineal auf Tischkante	
Turmuhr		wie „Glocke"	
überlegen	AX	langsam mehrmals eine liegende 8 nachfahren	U
	🐟	langsam hin und her	
Uhrenschläge (Standuhr)	△	viermal leise	
	△	Anzahl der vollen Stunden	
Uhrenticken	▭	mit Schlägelstab im Spalt hin und her,	
	▭▭	tief – hoch im Wechsel	
umhüllen	◯	mit Fingernägeln auf Trommelfell kreisen	
Unwohlsein	┤├	kurz vibrieren und sanft zusammendrücken	

TÄTIGKEITEN / GEGENSTÄNDE	AUSFÜHRUNG	
vergessen	`AM` einen Ton verklingen lassen	**v**
verneinen	1 harter Schlag	
verstecken, sich	`SX` `AX` unregelmäßig abwärts zum C	
Vogelstimmen	Stimmimitation Luftballon reiben Korken an Flasche reiben Zwitschermundstück	
		w
Wasser in Gulli	Wasser aus Kanne in einen Eimer gießen, `AM` mit Gabelgriff über Platten hin und her wischen	
Wasserspritzer	Metallfolie knittern	
	`SG` verschiedene mit Schlägelstab	
waten im Wasser	in halbgefüllten Wassereimer patschen, `AX` mehrfach kurz aufwärts	
Weg, ein langer	`AM` mehrmals, verklingen lassen, dazu:	
	‖ im Schritttempo	
weinen	Stimmimitation	
Wetterleuchten	⊣⊢ leise anschlagen, verklingen lassen	
Wind	in leere Flasche pusten, Stimmimitation, Fingernägel auf Plastikpapierboden kreisen	
winden, sich	Drehbewegungen (Glissando) Konservendose mit rotierender Kugel	
Windrad	`AX` C Tremolo mit weichem Schlägel	
Winterschlaf	Stimme: tief durchatmen	

TÄTIGKEITEN & GEGENSTÄNDE		AUSFÜHRUNG	
wirbeln	BX ▯	Tremolo-Glissando	**W**
Wohlgefühl	AX	improvisieren	
	SG		
Zähne zeigen	△	Tremolo im oberen Eck	**Z**
Zehentippen		mit Schuhspitzen tippen	
	SX	hohe Einzeltöne m. Fingerkuppe	
	⟊	akzentuierend anschlagen	
zerren	⭕	akzentuierend vibrieren lassen	
zertrennen	SG	rasches Glissando aufwärts	
zögern	◯	ab und zu mit einem Finger leise tippen	
Zorn	⟊	akzentuierend schlagen	
Zügel anziehen	AX	1 kurzes, 1 langes Glissando	
	🐟	1 x kurz, 1 x gedehnt	
zuschnappen		flache Hand oder Schachtel auf Tischplatte patschen	
zwitschern		Blockflötenkopf Zwitschermundstück Stimmimitation	

Ortfried Pörsel: Die Wetterhexe • Neue Klanggeschichten © FIDULA

Verzeichnis der Klanggeschichten

TÜTEN KNALLEN

SCHWIERIGKEITSGRAD: 🕰

Ein „Frechdachs" bläst eine Tüte auf, um sie mit einem Knall platzen zu lassen und Ahnungslose zu erschrecken.

Instrumente:

Ersatz: / Zusatz:

Sopran-Glockenspiel	Handtrommel	Tüte	andere Trommeln
Alt-Metallophon	Schellenstab	Hände	andere Rasseln
Alt-Xylophon	Xylophon-Klangstab	Tischplatte	mehrere gleiche Instr.

Bemerkungen:

„Tüten knallen" ist für Kinder eine Lieblingsbeschäftigung. Deshalb werden sie sofort auf dieses Thema ansprechen.
Der Text ist kurz gehalten, weist auf zunehmende Spannung hin und endet mit einem einzigen Wort als Höhepunkt. Ein Kind oder Erwachsener sollte ihn als „Regisseur" sprechen – mit instrumental ausgefüllten Textpausen.

Wie oben angegeben, ist zunächst eine Grundausstattung an Instrumenten bei der Ausführung zu empfehlen. Darüber hinaus können Sie auch mehrere gleiche oder ähnlich klingende Instrumente einsetzen.
Achten Sie darauf, dass diese möglichst synchron erklingen.

Entsprechend der Anzahl der musizierenden Kinder ist es günstig, wenn jedes anwesende Kind ein Instrument oder einen Geräuscherzeuger zur Verfügung hat.
Bei diesem Klangspiel wäre notfalls mit Händeklatschen „aufzufüllen". Da sich die „Klatschkinder" aber leicht benachteiligt fühlen, kann ihnen durch Wechsel der Instrumente bei der nächsten Aufführung ein Ausgleich geboten werden.

TEXT	KLÄNGE & GERÄUSCHE

<table>
<tr><td></td><td>SG</td><td></td></tr>
</table>

	[SG] oder [AM] Töne c', e', g', c'' verklingen lassen
Eine Tüte voll Luft	Tüte aufblasen
und ein schadenfroher Schuft,	[A X] Töne c'', g', e', c', c', c'
der nicht länger warten kann,	[A X] in Terzen aufwärts ab c' + e'
	dazu
und dann...	leises Tremolo
	dazu
und dann...	verhalten lauter werdend
	dazu
und dann...	spannungsvoll noch lauter
knallt's!	Tüte zerknallen unmittelbar danach alle Instrumente 1 Schlag
	Nochmal von vorne, solange Tüten und Zeit reichen!

SABINES LUFTBALLON

SCHWIERIGKEITSGRAD:

Sabine bekommt von ihrer Mutter einen Luftballon.

Sie bläst ihn auf und spielt damit. Da erscheint die Katze und möchte auch damit spielen. Ihre Krallen lassen den Ballon platzen.

Instrumente:

Sopran-Glockenspiel	Xylophon-Klangstab	Klanghölzer	Schnarre
Alt-Metallophon	Handtrommel	Triangel	Stimme
Sopran-Xylophon	Handtrommel mit Schlägel	Cymbeln	Luftballon
Alt-Xylophon	Hängendes Becken	Guiro	

Bemerkungen:

Die Freude über das Geschenk der Mutter und die Furcht vor dem Platzen beim Aufblasen bestimmen den ersten Teil der Geschichte.
Dann folgt das Spiel mit Steigen und Schweben des Luftballons.
Im dritten Teil bemüht sich die Katze um den Ballon, doch ihre scharfen Krallen bereiten dem Spiel ein jähes Ende.
Am Luftballon werden die ihm typischen Geräusche von Mund und Hand erzeugt, alle anderen Vorgänge nachgeahmt (Tätigkeiten, Bewegungen und Geräusche).

Sabine erhält eine kurze, improvisierte Erkennungsmelodie. Die Katze wird durch ihr „Miau" hörbar dargestellt. Im Schreck, der dem Platzen des Luftballons folgt, vereinigen sich imitatorisch mehrere Instrumente.

Bitte beachten Sie:
Die illustrativen Klänge und Geräusche erfolgen in der Regel nach Schluss der gesprochenen Zeile.
Die Klanggeschichte erfordert besondere Konzentration, weil etliche Kinder nur einmal zum Einsatz kommen.
Ein Fingerzeig zur rechten Zeit kann dabei hilfreich sein.

TEXT	KLÄNGE & GERÄUSCHE
Mutter kommt vom Einkaufen zurück.	mäßiges Schritttempo
Sie bringt für Sabine einen Luftballon mit.	kurze improvisierte Melodie „Sabine"
„Prima!" ruft Sabine. Ein Luftballon! Danke!"	in die Hände klatschen gerufen: „Prima!" Ein Luftballon! Danke!"
Gleich bläst sie ihn auf.	Luftballon aufblasen oder Hände als Schalltrichter an den Mund und pusten
Sie pustet einmal,	pusten
zweimal.	pusten
„Du sollst nicht platzen!" denkt sie	
und lässt die Luft heraus.	Luft aus dem Luftballon entweichen lassen
Aber dann bläst sie ihn wieder auf.	mehrmals pusten
Ganz vorsichtig!	1 x leise anschlagen und verklingen lassen
Sie knotet ihn zu	Luftballonöffnung knoten
und spielt damit.	Fingernägel kreisen
Wie schön er schwebt!	1 Ton, weich angeschlagen
	ebenso
Wie er hüpft!	C als Grundton = Sabines Hand
	dazu Glissandi, unterschiedlich hoch

Text	Ausführung
Hoch!	wie oben, mit hohem Spitzenton
Ganz hoch!	noch höher
Dann schwebt er langsam zu Boden.	Einzeltöne abwärts
Plötzlich kommt die Miezekatze!	mit zwei Fingern abwechselnd auf das Trommelfell tippen
	Ruf: „Miau!"
Sie will auch mit dem Luftballon spielen.	SX kurze improvisierte Melodie
Aber sie hat scharfe Krallen.	AX oder SX Glissando, kurz angerissen — mit Schlägelstab
	noch einmal
Patsch!	
Peng!	1 lauter Schlag oder/und Luftballon platzen lassen
	⚷ + ┤├ 1 lauter Schlag, gleichzeitig
Mieze erschrickt	Doppelfinger oder alle Fingerspitzen einer Hand
und reißt aus!	Ton C oder:
	AX Töne C und D gleichzeitig (mit zwei Schlägeln bzw. Gabelgriff)
Sabine ist traurig.	Sabine, klagend: „Mein schöner Luftballon!"
	1 leiser Schlag, verklingen lassen

Ortfried Pörsel: Die Wetterhexe • Neue Klanggeschichten © FIDULA

Im Freibad

SCHWIERIGKEITSGRAD:

Christine kann sich im Freibad nicht entschließen ins Wasser zu gehen.
Berni kommt gerade vorbei und schubst sie hinein.

Instrumente:

Sopran-Glockenspiel	Triangel	Cymbeln	Handtrommel
Sopran-Xylophon	Kettenrassel	Wassergefäß	Jazzbesen o. Pinsel
Alt-Xylophon	Kugelrassel	Wasser	Alufolie
Klanghölzer	Schellenstab	Stimme	Papierbogen

Bemerkungen:

Hitze, Schwüle, Bewegung des Wassers, Zaudern, Schreck und Frösteln werden durch entsprechende Instrumente dargestellt, das Wasser durch sich selbst. Entscheiden Sie, ob Wasser „in natura" eingesetzt werden soll, da es leicht zum Spritzen verleitet.

Die Rufe am Schluss kann ein stimmlich geeignetes Mädchen übernehmen.

Wenn der Ablauf eingeübt ist, empfiehlt sich ein Tausch der Instrumente, um kein Gefühl der Benachteiligung bei einigen Kindern aufkommen zu lassen. Grundsätzlich sollten alle Kinder beteiligt werden. Falls die Anzahl der angegebenen Instrumente nicht ausreicht, können ähnliche Klänge von anderen Instrumentenarten dargestellt werden.

Die Gefahr eines Negativvorbildes dürfte bei dieser Klanggeschichte kaum bestehen.

Bei Wiederholungen können die Rollen der beiden Kinder vertauscht werden. Dann schubst Christine den Berni. Vorbereitend lässt sich darauf hinweisen, dass die Szene sich am Nicht-schwimmerbecken ereignet oder dass beide schon „Freischwimmer" sind.

TEXT	KLÄNGE & GERÄUSCHE

TEXT   KLÄNGE & GERÄUSCHE

Draußen ist's heiß
wie zum Pfannkuchenbraten!

gelegentlich leise

leise schütteln

leise rasseln

Da möchte Christine
im Wasser waten.

mit Filzschlägel hin und her
wischen
mit Hand in halbgefülltem
Wassergefäß patschen

Draußen ist es entsetzlich schwül,

2 benachbarte Töne wischen

aber das Wasser?

wie oben

Wasser wie oben

Viel zu kühl!

schütteln

Hier hineingehen?

mit Schlägelstab auf Ketten
hin und her

Also höchstens bis zu den Zehen

hohe Einzeltöne,
kurz angeschlagen

oder gerade noch bis an die Waden!

dazu Glissandi auf und ab

Das ist doch eigentlich auch schon
„baden".

wie oben,
dazu Jazzbesen oder Pinsel
auf knitteriger Alufolie

Das denkt sich Christine am Beckenrand.

Kommt der Berni angerannt –

im Lauftempo

schubs – platscht sie ins Becken!

1 Schlag mit flacher Hand
patschen

1 Schlag oder
Papierbogen und/oder Alufolie,
mit Schlägel angeschlagen

Huaaah!

rasseln bis Ende

Dieser Esel!

1 Schlag, dann schütteln

Mich so zu erschrecken!

schütteln

Ortfried Pörsel: Die Wetterhexe • Neue Klanggeschichten © FIDULA

KAUGUMMI - WERBUNG

SCHWIERIGKEITSGRAD:

In einem Werbespot wird die „Kunst des Kaugummikauens" vorgeführt.

Instrumente:

Sopran-Glockenspiel	Triangel	große Trommel	Stimme
Alt-Xylophon	Cymbeln	kleine Trommel	2 Luftballons
Hängendes Becken	Gitarre	Kaugummis	Gummiband

Bemerkungen:

Im Kaugummikauen haben die Kinder alle ihre Erfahrung und werden in dieser „Kunst" gern wetteifern. Mehrere gleichwertige Topstar-Akteure können in getrennten Vorführungen zum Auftritt kommen.

Der Text beschreibt die Möglichkeiten der Kaugummi-Bearbeitung und erfordert eine genaue Übereinstimmung zwischen Sprechen und Ausführen. Sollte sich dies als zu schwierig erweisen, könnten beide Tätigkeiten von zwei Einzelschülern übernommen werden.

Das „Ausfluppen" des Kaugummis sollte der Ordnung halber (und um Negativvorbilder zu vermeiden) als Schlussgag in eine mit Papier drapierte große Zielschüssel erfolgen.
Um die theatralische Wirksamkeit zu erhöhen, könnte anschließend der Kaugummi sorgsam in das Papier gehüllt und demonstrativ dem Papierkorb übergeben werden.
Der Papierkorb mit passender Holzplatte darauf könnte am Schluss dem Kaugummikauer als Sitzgelegenheit dienen, wo er im „Vollbewusstsein seines Wertes", zur Erhöhung des Werbeeffekts und in Erwartung des Beifalls genüsslich die Arme verschränkt.

Die Gitarre kann auch von einer Violine oder durch ein gespanntes Gummiband ersetzt werden. Gegebenenfalls entscheiden die Kinder darüber selbst nach Klang- oder Geräuscheindruck.

TEXT	KLÄNGE & GERÄUSCHE
Sprecher: „Es folgt nun eine Verbraucher-Information. Bitte bleiben sie dran. Bis gleich!"	Tremolo im oberen Eck
Werbespot *(Junge mit Kaugummi):*	Alle (schmachtend): Kaugummi!
„So ein Kaugummi, müsst ihr wissen,	**GIT** Saite anzupfen, mit gleitendem Finger verkürzen
ist ein echter Leckerbissen!	
Sieht er erst recht harmlos aus:	
Dennoch wird was draus!	Alle: Hmmmm! - Schmatzen
	AX kurz improvisieren
Er lässt sich kneten	aufgeblasenen Luftballon reiben
oder biegen,	**GIT** wie oben
butterweich um Zähne schmiegen,	**SG** mit Schlägel über einige Klang-platten drehen
weil er ganz knautschig ist,	Luftballon leicht drückend reiben
und dann	
blas ich diesen Gummibonbon	zweiten Luftballon aufblasen
zu einem riesigen Luftballon,	leise anschlagen und einen Kreis ziehen
hinter dem ich mich fast verstecken kann,	**SG** C — C — C — C 2x
hole ihn wieder herein	
mal groß	◯ 1 lauter Schlag — laut
und mal klein	dazu ◯ 1 leiser Schlag — leise
und so weiter.	
Das kann ich wie kein zweiter!	1 Schlag
Genussvoll ziehe ich	Gummiband dehnen, dabei mehrmals zupfen oder:
– was gilt die Wette? –	
einen Kaugummifaden	**GIT** wie oben, rhythmisch immer höher

 Ortfried Pörsel: Die Wetterhexe • Neue Klanggeschichten © FIDULA

von hier bis nach Baden-Baden,

wenn ich so lange Arme hätte!

Flupp – ist er weg!

Da liegt er im Dreck!"

Sprecher:
„Diesen Werbespot präsentierte Ihnen
die Firma
JOLLY CHEWING GUM !
www.kaugummi.de"

weiter wie oben

„ausfluppen"

◯ 1 Handschlag, dann abdecken

⌐ɪ⌐ 1 halblauter Schlag

GESPENST UM MITTERNACHT

SCHWIERIGKEITSGRAD:

Um Mitternacht erwacht ein Kind aus dem Schlaf und beobachtet ein „Gespenst", das sich schließlich als Kater Florentin entpuppt.

Instrumente:

Sopran-Glockenspiel	Handtrommel	Lammfellschlägel	Stimme
Alt-Xylophon	Lammfellschlägel	Guiro	Hände
Bass-Xylophon	Holzschlägel	Cymbel	Gitarre
Xylophon-Klangstab	Hängendes Becken	Metallstab	Gummiband

Bemerkungen:

Nach nächtlichen Gruselerlebnissen der Kinder empfiehlt sich die Darbietung dieser gespenstischen Begebenheit mit Kater Florentin. Den Kehrreim des Strophentextes übernehmen die Kinder direkt, weil er ihnen die magische Wirkung eines Zauberspruches vermittelt. Gesten könnten den Effekt verstärken.
(Es lässt sich daraus auch ein kleines Bewegungsspiel entwickeln.)

Hier bietet sich der Übergang zum Einsatz der dumpfklingenden Instrumente (Handtrommel für Strophen, Bass-Xylophon auf C und Xylophonstab C für den Kehrreim) an. Windgeräusch und Käuzchenruf vervollständigen den Eindruck des Unheimlichen. Es bleibt unbenommen, auf zusätzliche Gruseleffekte einzugehen, die von seiten der Kinder vorgeschlagen werden. Interesse und Ausdauer der Kinder sollten an dieser Stelle darüber entscheiden, ob die Einübungsphase fortgesetzt wird. Anschließend könnten die Strophen instrumentiert werden.

Die Handtrommel (mit Lammfellschlägel) bildet abwechselnd mit Bass-Xylophon und Xylophon-Klangstab den geheimnisvoll dunkel tönenden Hintergrund.
Der Schellenstab (leise rasselnd) verdeutlicht Angst und Zittern.
Falls keine Gitarre vorhanden ist: durch ein geeignetes Gummiband ersetzen!
Einstimmung und Schlussteil ergeben den klanglichen Rahmen der kleinen Gruselgeschichte. Von beiden, aber auch vom deklamatorischen Talent des Sprechers oder der Sprecherin hängt es ab, ob die Zuhörer ebenfalls ein heimliches Schaudern überkommt.

Ortfried Pörsel: Die Wetterhexe • Neue Klanggeschichten © FIDULA

TEXT	KLÄNGE & GERÄUSCHE
	Einstimmung:
	Tremolo, immer weiter bis „...aufgewacht." Stimme: Windgeräusch Käuzchenruf (Hände als Schalltrichter)
Zwölf schlug die Kirchenuhr.	Cymbel, hängend, 4 Schläge
´s war mitten in der Nacht,	12 Schläge
da bin ich aus dem tiefsten Schlafe	AX leises Glissando aufwärts
plötzlich aufgewacht.	
Itze putze	BX Tremolo auf C, und weiter
ritze rutze	
minke manke muh!	dazu Stimme: nach „muh" Windhauch
Hokus pokus	und weiter leises Tremolo
minimokus!	Käuzchenruf
Hinke hanke huh!	leise rasseln, abschließend Windhauch
Dort auf der Fensterbank	Rasseln fortsetzen, dazu
hab ich etwas entdeckt,	weiter
das zuckelt am Gardinenstoff	 mehrmals kurz und leise
und hält sich da versteckt.	
Itze putze	wie oben
ritze rutze ....*wie oben*	

Auf mich gerichtet war	Töne C und D gleichzeitig mit zwei Schlägelstäben
ein grünes Augenpaar!	dazu Tremolo bis „... Haar"
Gleich packt es mich	2 x flache Hand auf Tisch
und zwackt es mich,	**GIT** mehrmals leere Saite zupfen
frisst mich mit Haut und Haar!	 mehrmals kurz, dazu fauchen
Itze putze	wie oben
ritze rutze ....(wie oben)	Rasseln fortsetzen
Doch als es springen will,	AX Glissando aufwärts mit Holzschlägel
hör ich „**Miau! Mio**!"	Stimme: gerufen
Das ist nur Kater Florentin!	erleichtert gerufen
Da war ich aber froh!	SG frei improvisieren
Itze putze	wie oben
ritzen rutze	
minke manke muh!	danach abrupt abbrechen
Lass Florentin zum Fenster raus,	Stimme: gerufen
dann hab ich meine Ruh!	
	SX Glissando abwärts
	Stimme: gerufen: Miau!
	1 x halblaut
	Nachspiel: gleitender Übergang
	+ BX auf C + C gemeinsam, ganz leise werdend
	SX dazu leise improvisieren
	4 x leise
	1 x leise Schluss: **pp**

Beim Ballspiel

Schwierigkeitsgrad: 🕐

Beim Ballspiel in der Schulhofpause bleibt der Ball in der Dachrinne liegen. Der Hausmeister holt ihn mit Hilfe einer Leiter wieder herunter.

Instrumente:

Sopran-Glockenspiel	Röhrenholztrommel	Triangel	Hängendes Becken
Alt-Xylophon	kleine Handtrommel	Cymbeln	Stimme
Klanghölzer	Holzblocktrommel	Kettenrassel	Hand

Bemerkungen:

Das Thema „Ballspiel" bezieht sich auf eine Spielbeschäftigung aus dem Umfeld der Kinder. Die Handlung beschreibt ein Pausenspiel an einer verklinkerten, fensterlosen Gebäudewand, auf der eine Zielfläche angebracht ist.

Hier geht es in erster Linie darum, Bewegungen klanglich zu imitieren: Das Hoch-werfen, Herabfallen, Rollen und Auffangen des Balles, aber auch das Ausziehen und Zusammenschieben der Leiter, das Weggehen und das Zurückkommen unter-schiedlicher Personen (Kind, Erwachsener mit Traglast). Das Sopran-Glockenspiel stellt den Ball mit seiner Leichtigkeit dar, wobei der unterschiedliche Tonumfang der unterschiedlichen Wurfhöhe entspricht. Die Leiter ist durch das Alt-Xylophon vertreten, ihre Längenveränderung durch abschnittsweise Glissandi.
Die rollende Ballbewegung auf dem Schrägdach abwärts wird durch kreisende Stabspielglissandi wiedergegeben, die Schulklingel durch das Triangel. Schrittarten werden von Klanghölzern, Holztrommeln und Handtrommel nachgeahmt.
Geäußerte Gefühle wie Überraschung, Staunen, Bedauern übernehmen Stimme und Hängendes Becken.

Diese Klanggeschichte hat einen umfangreichen, ungereimten Text, der während des Einübens abschnittsweise vom Erwachsenen beigesteuert wird. Die einzelnen Abschnitte werden gleichsam dominoartig aneinandergefügt.
Der Hofpausen-Geräuschpegel sollte in der Handlung entweder ausgeblendet oder von einer Kindergruppe als gedämpfter Klanghintergrund erzeugt werden.

TEXT	KLÄNGE & GERÄUSCHE
Es klingelt zur großen Pause.	Tremolo im oberen Eck oder Weckerklingel
Da stürmen die Kinder auf den Schulhof.	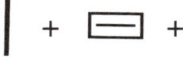 durcheinander
Karin, Mona, Uli und Bernd spielen Ball hochwerfen an der Hauswand.	 Glissando aufwärts, dann abwärts, nach Glissando patschen
Wer die Zielscheibe trifft,	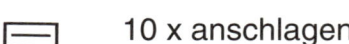 1 x leise
bekommt zehn Punkte. Wer die meisten Punkte hat, ist Sieger.	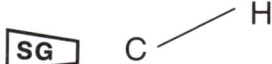 10 x anschlagen
Mona wirft den Ball hoch,	SG C ⟋ H
aber sie trifft die Zielscheibe nicht.	
Karin wirft auch und	SG C ⟋ C
trifft die Scheibe.	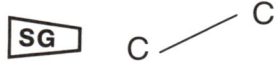 1 x leise
Das sind 10 Punkte.	 10 x anschlagen
Uli wirft zu niedrig.	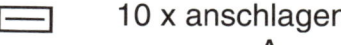 SG C ⟋ A
Nun ist Bernd an der Reihe. Er wirft zu hoch.	 SG C ⟋ F
Der Ball fliegt auf das Dach	 1 x patschen
und rollt langsam auf den Dachpfannen herunter. In der Dachrinne bleibt er liegen.	 SG F E D D
„So ein Mist!" ruft Bernd. Und Mona jammert: „Wir können nicht weiterspielen." „Wie kriegen wir ihn runter?" fragt Karin.	 1 x leise
„Ich weiß wie!" ruft Uli aufgeregt	⊣⊢ 1 x leise
und läuft davon.	‖ schnell
Er kommt mit dem Hausmeister zurück.	‖ schnell + ○ mäßig
Der trägt eine Leiter.	

Vor der Hauswand zieht er sie auseinander

und lehnt sie an.

Dann steigt er hinauf

und stupst den Ball aus der Rinne.

„Summmmmm!" fällt er auf den Rasen

und hüpft noch ein paar Mal.

„Danke!", rufen die Kinder.

Der Hausmeister schiebt die Leiter

zusammen.

Während er mit der Leiter davongeht,

fliegt der Ball noch einmal nach oben,

fast noch so hoch wie vorher.

Da klingelt die Schulhofklingel.

Schade! Die Pause ist vorbei.

Alle vier laufen ins Schulhaus.

Den Ball nimmt Uli mit für die nächste

Pause.

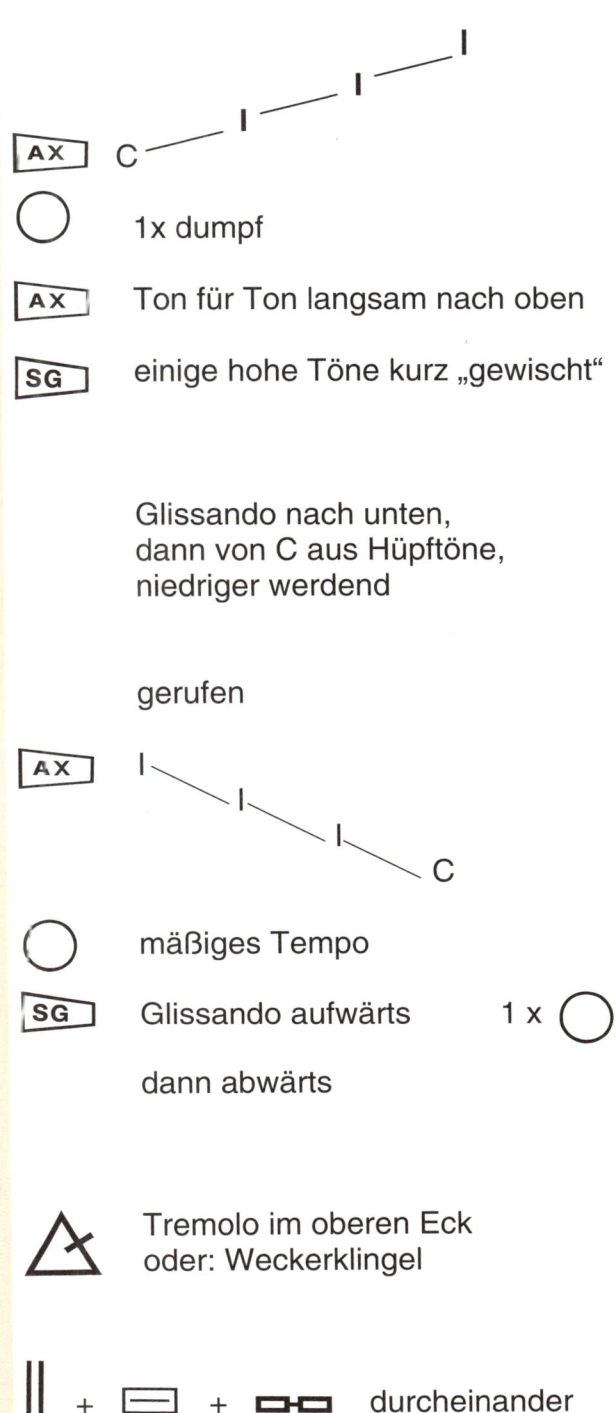

AX   C (Töne aufsteigend)

◯   1x dumpf

AX   Ton für Ton langsam nach oben

SG   einige hohe Töne kurz „gewischt"

Glissando nach unten,
dann von C aus Hüpftöne,
niedriger werdend

gerufen

AX   (Töne absteigend) C

◯   mäßiges Tempo

SG   Glissando aufwärts   1 x ◯

dann abwärts

Tremolo im oberen Eck
oder: Weckerklingel

 durcheinander

DIE APFELDIEBE

SCHWIERIGKEITSGRAD:

Tanja und Klaus kommen auf dem Heimweg von der Schule an einem Obstgarten vorbei. Als Klaus zwei Äpfel vom Baum holt, wird er vom Gartenbesitzer erwischt. Die Kinder reißen aus. Im Dunkeln will Klaus sich doch noch Äpfel holen, aber der Apfelbaum ist schon abgeerntet.

Instrumente und Geräuscherzeuger:

Sopran-Glockenspiel	Handtrommel / Pauke	Cymbeln	Blockflötenkopf
Alt-Metallophon	Lammfellschlägel	Triangel	Schuhe / Hände
Alt-Xylophon	Hängendes Becken	Stimme	Zwitschermundstück

Bemerkungen:

Die Handlung dieser Klanggeschichte geht auf eine alte Bildergeschichte für den Aufsatzunterricht zurück, in der ein Junge beim „unberechtigten Apfelernten" erwischt wird und seine Beute gegen den am Tatort vergessenen Schulranzen zurückgeben muss. Es kommt dabei zu einem Tausch „Beute gegen Beute". In der vorliegenden Fassung der Bildergeschichte wurde der Beutetausch gestrichen und die Handlung dafür erweitert durch...

- Einfügen einer weiblichen Person als Identifikationsangebot für Mädchen
- Ausklammern der Szene, in der die „Moral der Geschicht" herausgestellt wird
- einen Anhang, der die belehrende Absicht indirekt verdeutlicht.

Dadurch entstand ein Handlungsablauf, der sich in sechs Abschnitte unterteilen lässt: Tanja und Klaus auf dem Heimweg / Entdecken des Apfelbaumes / Beim Stehlen der Äpfel / Die Vertreibung / Klaus' Rückkehr am Abend / Die Enttäuschung

Die Verklanglichung dieser Geschichte ist in 3. und 4. Jahrgangsklassen, in etwas erleichterter Form auch in 2. Jahrgangsklassen möglich. Die hier beschriebene Unterrichtseinheit eignet sich für fächerübergreifenden Unterricht.

FACHBEREICH DEUTSCH

Einführung
Der Text wird antizipierend in sechs Abschnitten durch Projektion mit dem Tageslichtschreiber (6 Kleinfolien) angeboten. Die Schüler äußern zu jedem Abschnitt – mit Ausnahme des letzten – ihre Vermutungen über den weiteren Handlungsablauf und vergleichen anschließend ihre Vermutungen mit dem Geschehen im nächsten Textabschnitt.

Klanggestaltendes Lesen
Durch wiederholtes Lesen der einzelnen Textabschnitte werden Veränderungen von Lautstärke und Tempo, die Akzentuierung von Einzelwörtern und Wortgruppen herausgearbeitet.

Strukturierendes Lesen
Der Übergang vom klanggestaltenden Lesen zur Strukturierung des Textes ergibt sich von selbst durch das **Markieren der Signalwörter** im jeweiligen Textabschnitt (Einrahmen) und durch spontane Vorschläge der Schüler zur Verklanglichung. In der Ausarbeitung der Verklanglichung sind sie **fett** gedruckt. Aus Zeitgründen kann die Gliederung des Sprechflusses in Sprecheinheiten mit Zäsuren für den Sprecher bereits im Schriftbild vorgegeben werden. Die Sprecherrolle fiel in den Erprobungsklassen an sprachgewandte Schüler/-innen, von denen die Fähigkeit zur Übersicht über den Gesamtablauf der Klanggeschichte (sinnbetonter Vortrag, genaues Einhalten der Texteinheiten, Abwarten der Klangabläufe, klangbegleitendes Weitersprechen) erwartet werden konnte.

FACHBEREICH KUNST:

Zu den erwähnten sechs Textabschnitten ergeben sich die sechs Bildüberschriften der Bildergeschichte. Für die Illustration wurden sechs Schülergruppen gebildet, je eine für einen Textabschnitt. Gleichformatige Zeichenkartons (DIN A2) und gleiche Technik (Wachsmalstifte) wurden vereinbart. Die Schüler einigten sich vorab auch auf etwa gleiche Größe der darzustellenden Personen und auf deren Kleidung, um einen einheitlichen Gesamteindruck zu erreichen. – Möglich wäre auch eine Gestaltung der Geschichte hinter einer großen Leinwand als Schattenspiel mit lebenden Personen oder als Schattenspiel mit gebastelten Kleinfiguren.

FACHBEREICH MUSIK:

* **Schriftliche Sammlung der Signalwörter**
Aus den sechs Abschnitten des strukturierten Textes werden die markierten Signalwörter auf ein **Arbeitsblatt** mit sechs Feldern übernommen. Jedes Feld erhält eine Ordnungszahl und – als Wortgruppe untereinander geschrieben – die dazugehörigen Signalwörter (im Text fett gedruckt). Diese Notizen ergänzen die Schüler im gemeinsamen Gespräch mit Erprobung von Klängen/Geräuschen durch Zusätze (Symbole für Instrumente, Buchstaben für Töne und Lautstärkezeichen). Jeder Schüler hat gleichzeitig die Möglichkeit, durch Farbmarkierung die Klangabfolge insgesamt zu überblicken.

• Zur Auswahl der Instrumente

Zunächst werden den Personen bestimmte Instrumente zugeordnet. Tanja erhält den weichen, nachklingenden Klang des Alt-Metallophons, Klaus den kurzen, markanten Klang des Alt-Xylophons, der schimpfende Gartenbesitzer den dumpf-dröhnenden polterigen Pauken- oder Handtrommelklang. Silbrige, helle Klänge eignen sich für Sonne, Sonnenstrahlen und Sterne; dafür setzen wir auch Triangeln, Cymbeln und Sopran-Glockenspiel ein. Das Triangeltremolo signalisiert die Schulklingel.

Bewegungsarten wie Springen, Klettern, Fallen, Schwanken der Grashalme können analog auf Glockenspiel, Xylophon und Metallophon übertragen werden. Die Stimmung „schöner Herbsttag" und Gefühle wie Angst und Enttäuschung lassen sich durch helle Klangeffekte bzw. durch Beschleunigung des Tempos oder einen langen Beckenklang erreichen. – Das Vogelzwitschern übernehmen Blockflöte oder ein Zwitschermundstück. Für Tritte und Schritte sind Schuhe oder die flachen Hände auf einer Tischplatte geeignet.

TEXT	KLÄNGE & GERÄUSCHE
(1) An einem **sonnigen Herbsttag**	SG improvisierte Tonfolge, dazu + ⌐◡ (= Sonne und Licht)
kamen **Tanja** und **Klaus**	AM improvisierte Melodie, ohne F+H (= Tanja-Motiv), zunächst allein, dann im Zusammenspiel mit AX andere improvisierte Melodie, ohne F + H (= Klaus-Motiv)
fröhlich aus der **Schule.**	Tremolo im oberen Eck (= Schulklingel) Stimmen rufender Kinder
Sie hatten ihre Ranzen auf dem Rücken und **hüpften** über das Gehwegpflaster.	Schuhe: im Hüpfrhythmus
(2) Plötzlich entdeckten sie in einem **Garten**	AM freie Tonfolge
eine **Amsel**, die auf einem Zweig eines	**BFLK** Zwitschermundstück oder imitiertes Zwitschern
Apfelbaumes zwitscherte.	dumpfe, weiche Töne
Da sah Klaus die schönen rotbackigen **Äpfel am Baum** hängen und rief: „Guck mal, die schönen roten Äpfel!"	SG Töne unterschiedlicher Höhe (Äpfel, unterschiedlich hoch)
(3) Er legte seinen **Ranzen auf die Erde,**	flache Hand auf Tischfläche
sprang **über den Zaun** und kletterte auf den **Apfelbaum**.	AX C' – C" – C', dann schrittweise aufwärts
Ein Ast **bog sich** unter ihm.	SX Glissando, schweifend (= Biegen des Astes)
Klaus griff **zwei** dicke **Äpfel**	SX ein hoher und ein tieferer Ton vom jeweiligen Apfelton abwärts gleitend mit Schlusston C'
und ließ sie **ins Gras fallen.**	AM Gleitklang auf- und abwärts auf CDE (= Gras)
Inzwischen war **Tanja**	AM Tanja-Motiv, wie oben
auch **über den Zaun**	AX C' – C" – C'
in den **Garten** geklettert.	AM freie Tonfolge

(4)

Sie wollte gerade die beiden Äpfel auf-heben, da **kam der Gartenbesitzer** und **schimpfte** mit ihnen:

„Wollt ihr wohl die Äpfel am Baum lassen, ihr Diebe! Das sind meine besten Äpfel!"

Klaus **sprang** vom Baum **herunter**.

Beide Kinder flohen **über den Zaun**

auf und davon.

Die **Äpfel** blieben **im Gras** liegen.

(5)
Am **Abend**

kam **Klaus** zurück

und wollte sie holen.

Er kletterte **vorsichtig über den Zaun**.

und **schlich** zum Apfelbaum.

(6)
Im Dunkeln suchte er nach den Äpfeln,

aber **im Gras**

und **an den Zweigen**

war **kein** einziger **Apfel** mehr zu finden.

Da machte Klaus **ein langes Gesicht**

und **trottete enttäuscht** nach Hause.

---

oder allmählich lauter werdend, dann laut und unregelmäßig gerufen

AX Glissando abwärts C" – C' Abschlusston C'

AX C' – C" – C'

Schuhe: Laufgeräusch oder Hände auf Tisch patschen
AM wischen auf CDE

SG Einzelton C

oder weicher Wirbel (= Dunkelheit)
einzelne Töne (= Sterne)

AX Klaus-Motiv, leise gespielt

Schuhe: Schleichgeräusch oder Hände auf den Tisch
AX einige Töne aufwärts, Schlussston C

Schuhe: Schleichgeräusch

oder dumpfe Töne (= Baum) leise weiter bis Ende
weicher Wirbel (= Dunkelheit)

AX Gleitklänge auf- und abwärts,

AM Tongruppen verschieden hoch wischen auf CDE (= Gras)

SG Glissando abwärts und aufwärts (= sich wiegende Zweige)

1 x leise

AX verzögertes Glissando aufwärts mit Schlägelstiel + Klaus-Motiv

Schuhe: langsame Schritte oder Händepatschen

leise, zwei kleine Kreise ziehen

Schlusston, verklingen lassen

MEIN SCHÖNER DRACHEN

SCHWIERIGKEITSGRAD: 🕭 🕭

Ein Drachen wird stolz von seinem Besitzer gelobt, da packt ihn der Wind und lässt ihn abstürzen.

Instrumente:

Sopran-Glockenspiel	Schellenstab	Lammfellschlägel	Holzleiste
Alt-Xylophon	Handtrommel	Filzschlägel	Papier
Blockflöte	Klangstäbe	Holzschlägel	Stimme
Triangel	Flasche	Korken	Hände

Bemerkungen:

Kinder kennen die Gefährlichkeit und Unberechenbarkeit des Drachensteigens. Daher ist ihnen der Handlungsablauf vertraut.

Auf Stolz und Freude (Pfeifen) folgen jäh Enttäuschung (verzögertes Drachen-Motiv) und Bedauern (verklingender Beckenklang).

Das Drachen-Motiv wird vom hochklingenden Sopran-Glockenspiel (Flughöhe) übernommen, die unheilträchtigen Bewegungen vom dunklen Klang des Alt-Xylophons. Die Ausdrücke „schnickeln" und „schnackeln" bedeuten übermütige Bewegungen, dem Zappeln ähnlich. Sie werden durch das Hinundherschweifen auf dem Glockenspiel imitiert.
Akzentuierungen vertreten abrupte Drachenbewegungen, Handtrommel, Papier und Holz ergeben geräuschmäßig den Aufprall des Drachens und seine Beschädigung (brechende Holzleiste). Unterschiedliche Schlägel erzeugen differenzierte Klangeffekte.

Der Text wird zuerst vorgestellt. Für bestimmte Reizwörter werden anschließend adäquate instrumentale Klänge bzw. Geräusche gesucht. Die klangliche Abfolge ergibt sich aus dem Text, wobei Klänge und Geräusche sowohl den Text verstärken, kommentieren als auch untermalen.

TEXT	KLÄNGE & GERÄUSCHE
Schau doch meinen Drachen an!	SG oder **BFL** Drachen-Motiv
Wie er schnickelt!	nassen Korken auf Flasche reiben
Wie er schnackelt,	SG kurz improvisieren
lustig mit dem Schwanze wackelt!	„wedeln"
Wie er sinkt	SG abwärts
und steigt,	SG aufwärts
lachend seine Zähne zeigt!	Tremolo im oberen Eck, kurz
Ja, mein Drachen ist der beste der Welt!	Stimme: vergnügtes Pfeifen
Da packt ihn der Wind,	Stimme: Windgeräusch nachahmen (Hände als Schalltrichter)
der ihn trägt	energisch werdend
und rüttelt	SG kurzes Schweifen, unterschiedlich hoch
und schüttelt,	AX Einzeltöne, akzentuiert, mit Filz- oder Holzschlägel auf Akzente
bis er sich überschlägt.	
Malefizkerl da droben!	an jedem Zeilenende 2 x
Was machst du denn?	
Bleib oben!	
Er bockt!	heftige Einzelschläge
Er trudelt!	AX Rollklang, mit Filzschlägel
Sein Schwanz ist ganz verhudelt!	
Rums, da liegt er mit Krachen!	auf „Rums!" Holzleiste brechen
Jetzt hat er nichts mehr zu lachen.	**BFL** oder SG Drachen-Motiv, langsam
Mein schöner Drachen!	1 x, nicht zu laut

Ortfried Pörsel: Die Wetterhexe • Neue Klanggeschichten © FIDULA

SCHNEEMANN BAUEN

SCHWIERIGKEITSGRAD:

Drei Kinder bauen gemeinsam einen Schneemann.

Instrumente:

Sopran-Glockenspiel	große Handtrommel	Pauke	harte Kugel
Alt-Xylophon	kleine Handtrommel	Blockflöte	weiche Kugel
Metallophon-Klangstab	Röhrenholztrommel	Kettenrassel	Stimme
Hängendes Becken	Schellenreifen	Konservendose	Hand

Bemerkungen:

Schnee wirkt auf Kinder in zweifacher Hinsicht sehr anregend: zum einen bewirken Kälte und Bewegung intensive Gefühle, zum anderen verschafft ihnen der Schnee Gelegenheit zu kreativem Spiel. Beides lässt sich auch musikalisch ausdrücken.

Günstig erscheint das Einüben der Sprechrollen vorab. Sobald dieser Ablauf „steht", kommen die Instrumente als Untermalung dazu.

Die Anzahl der Instrumente erscheint zunächst groß, doch kommt jedes Instrument wenig zum Einsatz, so dass keine Überforderung entsteht. Die Pauke kann durch die große Handtrommel ersetzt werden. Am Schluss könnten auch der Metallophon-Klangstab (Schneedecke) und das Glockenspiel (Schneeflocken) ergänzend auftreten.

Die beteiligten Kinder und der Schneemann erhalten eigene Erkennungsmotive durch Schellenreifen, Röhrenholztrommel und Blockflöte. Eine Anwendung dieser Motive auf alle Textstellen, an denen Kindernamen vorkommen, wäre möglich, ist jedoch von den Verhältnissen abhängig und nicht unbedingt nötig.

TEXT	KLÄNGE & GERÄUSCHE
Das ist Kai.	Kai-Motiv
Und das ist Uwe.	Uwe-Motiv
Kai und Uwe kommen aus der Schule.	Beide Motive gemeinsam. Dazu pfeifen oder trällern.
Es schneit.	SG frei improvisieren
Der Rasen liegt unter einer dicken Schneedecke.	Tremolo mit 2 weichen Schlägeln
Da wollen die Jungen einen Schneemann bauen.	oder Schneemann-Motiv
Kai ruft: „Ich rolle die große Kugel!"	Kugel darin rollen
Uwe ruft: „Ich rolle die mittlere Kugel und den Schneemann-Kopf!"	Kugel darin rollen für Schneemann-Kopf Kugel rasch rollen lassen
Rolle, rolle, rolle, geht es!	
Die Kugeln sind fertig.	oder 2 x
Beide heben die mittlere Kugel auf die große.	AX mit Schlägel nach oben „wischen" am Schluss 1x Ton C
Ist die schwer!	Stimme: ächzen
Gut, dass wir die große nicht heben müssen", sagt Uwe.	Uwe-Motiv
Da kommt Vanessa angehüpft.	BFL Vanessa-Motiv im Hüpfrhythmus
Sie setzt die kleine Kugel oben drauf.	AX mit Schlägel ab hohem C aufwärts, Schluss: 1 x hohes C
Kai holt einen alten Hut von Vater und eine Mohrrübe von Mutter.	leiser werdend lauter werdend
Inzwischen setzt Uwe zwei Steine als Augen ein.	2 x mit Fingern tippen
Vanessa ruft: „Der Schneemann hat ja gar keine Ohren!"	1 x leise

Ortfried Pörsel: Die Wetterhexe • Neue Klanggeschichten © FIDULA

Sie steckt ihm zwei kleine Windräder in den Kopf, die sie von der Geburtstagsfeier in der Schule mitgebracht hat.	◯ 2x mit Fingern antippen

Sie drehen sich im Wind.	Stimme: pusten, blasen
	          oder
	          Konservendose mit weicher
	          rotierender Kugel

Da lachen alle drei	Stimme: lachen
	dazu im Lachrhythmus
und die Spaziergänger auch.	Lachen verstärkt
	1 Schlag, verklingen lassen

FRIDOLIN DER JOGGER

SCHWIERIGKEITSGRAD: ⏰ 🕐

Fridolin der Jogger steht am Morgen auf und joggt in den Park. Weil es zu regnen beginnt, kehrt er um und erreicht gerade noch vor Beginn eines Wolkenbruchs sein Haus.

Instrumente:

Sopran-Glockenspiel	Triangel / Wecker	Hängende Cymbel	Schlüsselbund
Alt-Xylophon	Handtrommel	Hängendes Becken	Stimme
Klanghölzer	Schellenstab	Topfuntersetzer	Hände / Füße

Bemerkungen:

Jogger sind für Kinder eine alltägliche Erscheinung. Durch regnerisches Wetter lassen sie sich in der Regel von ihrem Hobby kaum abhalten, doch bildet der wasserscheue Fridolin eine Ausnahme. Das macht ihn den Kindern interessant. Seine Joggingaktion wird dem Ablauf nach textlich von den Kindern selbst erarbeitet, also als Geschichte erfunden. Diese Aufgabenstellung kann vom Erwachsenen in Form einer kurzen, stichwortartigen Anregung gegeben werden. Zunächst werden Vorschläge der Kinder zum möglichen Inhalt zusammengetragen, ein straffer Ablauf festgelegt und in Stichworten notiert. Dabei ist darauf zu achten, dass die einzelnen Vorschläge das Rahmenthema nicht sprengen.
In einer zweiten Phase steuern die Kinder Vorschläge zur klanglichen und geräusch-mäßigen Ausgestaltung bei, wobei die einzelnen Vorschläge ausprobiert, verglichen und letzlich ausgewählt werden. Klangcharakter und Spielweise der Instrumente müssen dem gesuchten Effekt möglichst nahe kommen. Besonderen Reiz üben die Stimmimitationen aus. Sie und die Regengeräusche der Finger bieten die günstige Möglichkeit, auch zurückhaltende Kinder in die Handlung mit einzubeziehen.
Um den formalen Ablauf der Handlung durch visuelle Hilfe zu unterstützen, können einfache Skizzen an der Tafel die Reihenfolge darstellen (Turm, Wecker etc.).
Der Altersstufe entsprechend könnte die Fridolin-Geschichte auch inhaltlich aus-geweitet oder mit anderem Schluss versehen werden: Fridolin trifft einen verletzten Jogger / Fridolin begegnet einem streunenden Hund / Fridolin verursacht einen Verkehrsunfall / Fridolin wird Zeuge eines Raubüberfalls.
Auch der Jogging-Weg könnte dargestellt werden: über Steine, Moos, Wurzeln, am Bach entlang oder auf einem Trimm-dich-Pfad.

 Ortfried Pörsel: Die Wetterhexe • Neue Klanggeschichten © FIDULA

ELEMENTARPARTITUR

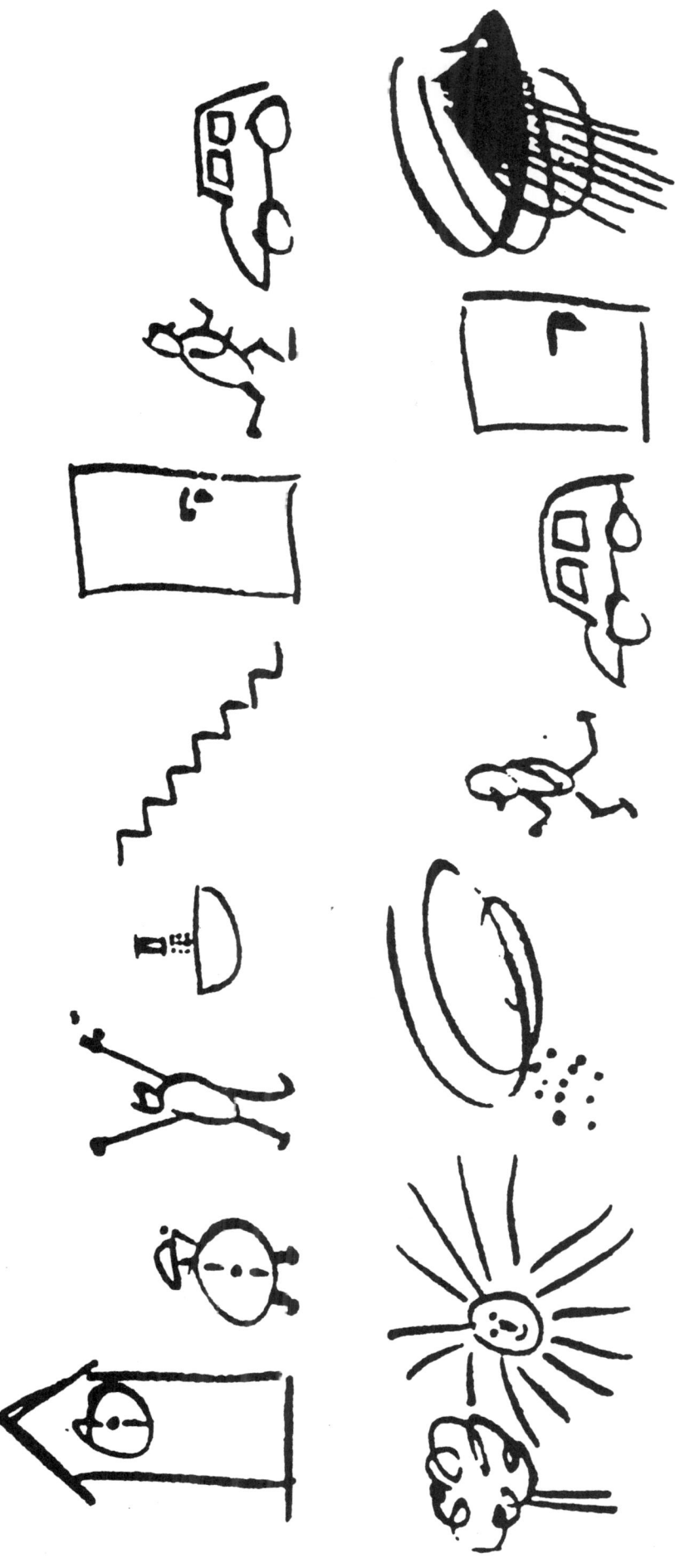

TEXT	KLÄNGE & GERÄUSCHE
Die Turmuhr schlägt sechs.	◢ 4 Schläge
	◢ 6 Schläge
Fridolin hört es nicht.	Stimme: langsames Durchatmen
Er schläft noch fest.	wohliges Schnarchen
Da fängt sein Wecker fürchterlich an zu rasseln.	△ Tremolo im oberen Eck oder Rasselwecker
Fridolin springt aus dem Bett.	◯ 2 Schläge oder: Fußgeräusch 1 x springen
Er eilt ins Bad,	‖ mehrmals oder: rasches Fußgeräusch
wäscht sich das Gesicht	Stimme: fließendes Wasser
und trocknet sich ab.	Topfuntersetzer auf Tischfläche reiben
Dann saust er im Jogginganzug die Treppe hinunter.	AX Einzeltöne abwärts
Unten schließt er die Haustür auf.	Schlüssel im Schloss drehen mit Schlüsselbund rasseln oder: Schellenstab schütteln
Sie fällt hinter ihm ins Schloss.	◯ Tür zuschlagen oder: 1 Handschlag
Fridolin joggt die Straße entlang	‖ im Lauftempo oder: Fußgeräusch
	Stimme: PKW, Straßenbahn, Bus, Martinshorn
in den Park hinein.	SG leiser werdend, Zwitschern Rufterz mehrmals
Noch scheint die Sonne,	AM frei improvisierend
aber es beginnt zu regnen.	◯ mit Fingerkuppen, dazu auf Tischplatte, zunächst vereinzelt
Fridolin beeilt sich, nach Hause zu kommen.	‖ + ◯ rascher, ebenso Regengeräusch
Er joggt	Lauf- und Regengeräusch,
die Straße entlang	Stimme: Fahrzeuggeräusche wie oben,
bis zur Haustür und ruft:	Fußgeräusch stoppt
„Gerade noch geschafft!"	prasselndes Regengeräusch

Ortfried Pörsel: Die Wetterhexe • Neue Klanggeschichten © FIDULA

Auf der Strasse

Schwierigkeitsgrad: ⏰ ⏰

Zwei Straßenpassanten wollen einen vermeintlich kurz gesehenen Schornsteinfeger auf dem Dach eines Mietshauses beobachten. Durch die Neugier anderer Passanten entsteht ein großer Menschenauflauf.

Instrumente:

Alt-Xylophon	Handtrommel	Schellenreifen	Triangel
Sopran-Glockenspiel	Röhrenholztrommel	Schellenstab	Hängendes Becken
Klanghölzer	Holzblocktrommel	Cymbeln	2 Weingläser

Bemerkungen:

Zufällige Menschenaufläufe aus Neugier sind ein bekanntes psychologisches Phänomen. In der Klanggeschichte „Auf der Straße" ist der Auslöser dafür zunächst eine vermeintliche Beobachtung, die auf Selbsttäuschung beruht. Da aber der Schornsteinfeger für viele als Glücksbringer gilt, wird Timmys und Tommys Warten auf ihn verständlich. Ihr Verhalten wiederum weckt die Neugier von Passanten, die etwas möglicherweise Wichtiges nicht versäumen möchten.

Die musikalische Darstellung der Situation beginnt mit gedämpfter Wiedergabe von Straßenverkehrsgeräuschen. Sie hat Bewegungsabläufe (Autofahren, Schritte und Winken), aber auch Gefühle (Abwägen, Anregen, Erstaunen und Heiterkeit) zum Inhalt. Die Verteilung der Instrumente und Geräuscherzeuger erfolgt auf nachstehende Weise:

Motorgeräusche   Stimme
Bewegungen   Holztrommeln
Blicke, Winken   Stabspiele
Gefühle   Metallinstrumente und Stimme

Der gereimte Strophentext sollte nach dem einführenden Straßenverkehrsgeräusch in mäßigem Tempo, aber zügig vorgetragen werden. Die Instrumente müssten sich diesem Tempo anpassen. Sicher haben die Kinder Freude daran, Straßenverkehrsgeräusche und Passantengespräche zu improvisieren. Bitte achten Sie darauf, dass dies nicht zu laut geschieht.

TEXT	KLÄNGE & GERÄUSCHE

TEXT

Timmy und Tommy gingen zu zweit

auf der Straße zusammen schon einige Zeit,

da blieb der Timmy auf einmal stehen.

Er hatte am Haus oben etwas gesehen.

Der Tommy machte Augen, so groß!

Er fragte: Was ist denn mit dir plötzlich los?

Da gibt es doch gar nichts Besondres zu sehen.

Komm, lass uns weiter gehen!

Da guckte, sagt Timmy, oben am Haus

ein Schornsteinfeger zur Luke heraus.

Schau mal, beim Schornstein daneben.

Ganz bestimmt! Gerade eben!

Schornsteinfeger bringen Glück!

Vielleicht kommt er wieder zur Luke zurück,

dachte Tommy.

Wenn sich unsre Blicke fänden,

winkten wir ihm mit wedelnden Händen.

KLÄNGE & GERÄUSCHE

Stimme: Autogeräusch

‖ + ▭ mäßiges Tempo fortlaufend (=Timmy und Tommy)

‖ Timmy verzögert.

‖ setzt aus, ▭ auch

Stimme: Autogeräusch

⊣⊢ 1 x leise, 2 kleine Kreise ziehen

◯ 1 gedämpfter Schlag

Stimme: Autogeräusch

[AX] Glissando aufwärts

△ 1 x

◯ 1 gedämpfter Schlag

Stimme: Autogeräusch

[SG] Glissando abwärts oder: 2 Weingläser anstoßen

‖ bedächtiges Tempo

[AX] Glissando aufwärts

[SX] Glissando abwärts, dann beide wischen

Stimme: Autogeräusch

Also warteten sie und guckten hinauf.

Viele Leute kamen.

Die standen zuhauf,

denn alle blieben sie neugierig stehen:

Was gibt's denn da oben Interessantes zu

sehen?

So wurde sehr bald vor dem Großstadthaus

ein Riesenmenschenauflauf daraus,

doch nutzte es nicht,

Blicke aufwärts zu schicken,

Es ließ sich da oben keiner blicken.

Zuletzt sagte Timmy: Das hat keinen Zweck.*

Der kommt nicht.*

Den kümmern wir einen Dreck.*

He, Leute, ihr könnt gerne weitergehen.

Hier gibt's nämlich überhaupt nichts zu sehen!

Da schauten sich alle staunend an,

bis einer laut zu lachen begann,

und alle lachten mit und fanden,

sie hätten hier völlig umsonst gestanden.

mehrere Glissandi aufw.

additiv und ungleichmäßig

Schrittgeräusche verstummen

mehrere Glissandi aufw.

mehrere Stimmen

Stimme: Autogeräusch

verzögernde Schritte

Stimmengewirr

mehrere Glissandi

(in die Stille) 1 x leise

Stimme: Autogeräusch

  je 1 x nach *

1 x leise

1 x leise

Stimmengewirr

1 x leise

Stimme: lachen

vermehrtes Lachen

1 halblauter Schlag

TICK UND TACK

Emma Pick und Sebastian Pack – ein ungleiches Paar – gehen gemeinsam auf der Straße. Sie haben das Problem verschiedener Schrittlängen.

Instrumente und Geräuscherzeuger:

Blockflöte	Guiro	Kamm	Hand
Alt-Xylophon	Klanghölzer	Seidenpapier	Stimme
große Handtrommel	Schnarre	Tischplatte	Etui

Bemerkungen:

Der Vergleich großer und kleiner Kinder der Gruppe/Klasse nach Körper- und Schrittlänge führt zur Einsicht in die Notwendigkeit gegenseitiger Rücksichtnahme. Dieses Problem stellt sich auch den beiden Personen der Klanggeschichte. Zunächst wird jede Person einzeln vorgestellt, dann die Schwierigkeit ungleicher Schrittlängen.

Der Reiz dieser Geschichte besteht zum einen in der Übertragung auf rhythmisch-klangliche Ebene, zum anderen in einer szenischen Darstellung. In der täglichen Praxis des Umgangs ungleich großer Paare wird es allmählich zu einer Anpassung der Schrittlängen oder des Schritttempos kommen (z.B. zwei Schritte von Emma Pick bei einem Schritt von Sebastian Pack).

Anpassungsübungen ungleicher Kinderpaare dienen der eigenen Erfahrung des Problems und werden sicher Spaß bereiten. Es stellt sich ihnen ja auch im Umgang mit Erwachsenen. In der Handlung der Klanggeschichte könnte die Aktualität des Problems von Emma und Sebastian damit erklärt werden, dass es sich bei beiden um ein Liebespaar handelt, das sich erst kurze Zeit kennt.

Die Leichtigkeit der Damenschuhabsätze wird akustisch durch Klanghölzer nachgeahmt, während die behäbige Gesetztheit der Flachschuhe von der Handtrommel übernommen wird. Beide Schuhgeräusche können im akustischen Zusammenspiel auch von anderen Kindern durch Fingertippen und Handpatschen auf eine Tischplatte ausgeführt werden.
Eine parallel verlaufende szenische Darstellung dürfte – in humorvoller Übertreibung – sehr günstig wirken.

TEXT	KLÄNGE & GERÄUSCHE

TEXT

Emma Pick kommt mit Trippelschritten, dreht sich einmal tänzerisch um sich selbst und verbeugt sich.

Emma Pick

ist klein und dick.

Sebastian Pack kommt mit Trampel-schritten behäbig daher, guckt sich um, entdeckt Emma und geht freudestrahlend auf sie zu.

Sebastian Pack

trägt Schuhe von Tack.

Wenn beide auf der Straße gehen,

brauchst du gar nicht hinzusehen:

Hörst du lauter tick tick tick,

weißt du: Das ist Emma Pick.

Hörst du tack und tack,

weißt du: Das ist Sebastian Pack.

Beide haken sich ein und versuchen, gemeinsam zu gehen, was misslingt.

Tick tick tick - tack,

tick tick tick – tack.

Knack!

Emma theatralisch:
„Sebastian, ach bitte,

mach doch endlich kleine Schritte!

Es folgt ein neuer Versuch im Zeitlupen-Lerntempo, wobei er ihr zuletzt auf den Fuß tritt und sie davonläuft.

KLÄNGE & GERÄUSCHE

im Schritttempo
(evtl. Finger auf Tisch)

BFL improvisiertes Emma-Motiv
(evtl. auf dem Kamm geblasen)

im Schritttempo
(evtl. Hand oder Etui auf Tisch)

AX improvisiertes Sebastian-Motiv

Stimme: Motorengeräusche,
     zunächst laut,
     dann leiser werdend

wie oben

BFL improvisiertes Emma-Motiv

wie oben

AX improvisiertes Sebastian-Motiv

Instrumente wie oben dazu

oder ⬖ 1x

Stimme: Au!

1x, nicht zu laut

Beide Motive nacheinander, danach alle anderen Instrumente als Abschluss zugleich 1 Schlag.

TRIPS UND SEIN WECKER

SCHWIERIGKEITSGRAD: ⏰ ⏰

Trips sieht spät abends einen Fernsehkrimi. Am frühen Morgen kommt er nur mit Hilfe seines Weckers rechtzeitig aus dem Bett.

Instrumente:

Alt-Xylophon	kleines Triangel	Kastagnetten	Füße
Handtrommel	großes Triangel	Guiro	altes Nachthemd
Holzblocktrommel	Cymbeln	Stimme	Kissen
Röhrenholztrommel	Hängendes Becken	Hände	Lineal

Bemerkungen:

Für diese Klanggeschichte haben die Kinder drei Vorerfahrungen:
* Spätes Einschlafen führt zu Müdigkeit und Schwierigkeiten beim Aufstehen.
* Spannende Fernsehfilme am Abend werden nachts im Traum verarbeitet und verursachen unruhigen Schlaf.
* Mit Hilfe des Weckers kann die Gefahr des Verschlafens beseitigt werden.

Die Ursache-Wirkung-Zusammenhänge in detaillierter Darstellung sind der eigentliche Inhalt der Klanggeschichte. Als Einstimmung und Nachspiel werden das Krimi-Ende und Trips' Abfahrt zur Frühschicht sowie der zurückbleibende Wecker hinzugefügt.

Zur Verklanglichung des Textes eignen sich Orff-Instrumente, Körperinstrumente (Stimme, Hände, Füße) und situationstypische geräuscherzeugende Materialien (Nachthemd, Hausschuhe, Kissen, Tisch, Lineal).

Als Einstieg in die Erarbeitung der Klanggeschichte kann eine Bemerkung über aktuelle „Müdigkeit am Morgen" dienen, deren Ursachen den Kindern bekannt sind und sich rasch nennen lassen. Über die Unterthemen Müdigkeit, Gestik beim Aufstehen und die Rolle des Weckers ergibt sich ein gleitender Übergang zum Einsatz der Instrumente und die Einführung des „Falles Trips" in Gedichtform.

Bei der Erarbeitung der Verklanglichung bietet sich eine knappe Tafelanschrift mit den verwendeten Symbolen für Instrumente mit strophenadäquaten Unterteilungen durch Trennstriche als optische Gliederungshilfe an.

TEXT

KLÄNGE & GERÄUSCHE

TEXT	KLÄNGE & GERÄUSCHE
	Lineal mehrmals auf Tischkante
	Stimme: Automotor und quietschende Bremsen
	◯ Rumpelgeräusch
	Hände auf Tischplatte leiser werdend
Ansage: „Sie sahen: 'Der Spion aus Acapulco' Wir hoffen, sie hatten gute Unterhaltung."	
Wenn Trips nach dem Fernsehkrimi	‖ 1 Schlag (Fernseher ausschalten)
abends endlich schlafen geht,	schlurfende Hausschuhe
zeigt ein Blick auf seinen Wecker:	abwechselnd fortlaufend oder Schlägelstiel im Spalt
Es ist wieder mal sehr spät.	Stimme: ausgeprägtes Gähnen
Müde steigt er aus den Socken,	Hausschuhe auf Fußboden patschen, Nachthemd schütteln und Kissen ausklopfen
gähnt im langen Nachtgewand,	
nimmt seinen alten Riesenwecker	Tremolo leise weiter bis „...Nacht"
noch ein letztes Mal zur Hand.	lautes Ticken
Kräftig dreht er an den Schrauben,	mehrfach ratschen
stellt ihn dicht am Bett bereit:	hinstellen und weiter ticken
„Trips, jetzt musst du fleißig schlafen!	Stimme: durchatmen, schnarchen
Dir bleibt nur sehr wenig Zeit!"	gelegentlich Einzeltöne
Unterdessen tickt sein Wecker	weiter gleichmäßiges Ticken
unablässig durch die Nacht,	4 x leise 3 x halblaut
während ein Ganovenauto,	Stimme: Autogeräusch, starkes Bremsen, hastige Schritte, Beschleunigung
Trips im Traume Beine macht.	Ruf: Halt! Stehenbleiben!
	Lineal auf Tischrand, Hände hastig auf Tischplatte (= Schritte) Keuchen, allmählich wieder ruhig atmen

Aber dann – beim Morgendämmern

wird es für ihn höchste Zeit,

Da hört er den Wecker hämmern:

„Trips, steh auf! Es ist so weit!"

Fuchtelnd fährt er aus dem Bette,

gibt dem Wecker eins aufs Dach,

hüllt sich wieder in die Federn,

blinzelt schläfriger als wach.

Doch sein Wecker steht verdattert:

„Trips, jetzt reißt mir die Geduld!

Ich, dein Wecker, hab gerattert!

Wer verschläft, hat selber Schuld!"

Endlich ist der Trips bei Sinnen:

„Ach, du Schande! Zehn nach vier!

Heute seh ich keinen Krimi!

Rasselkerl, ich schwör es dir!"

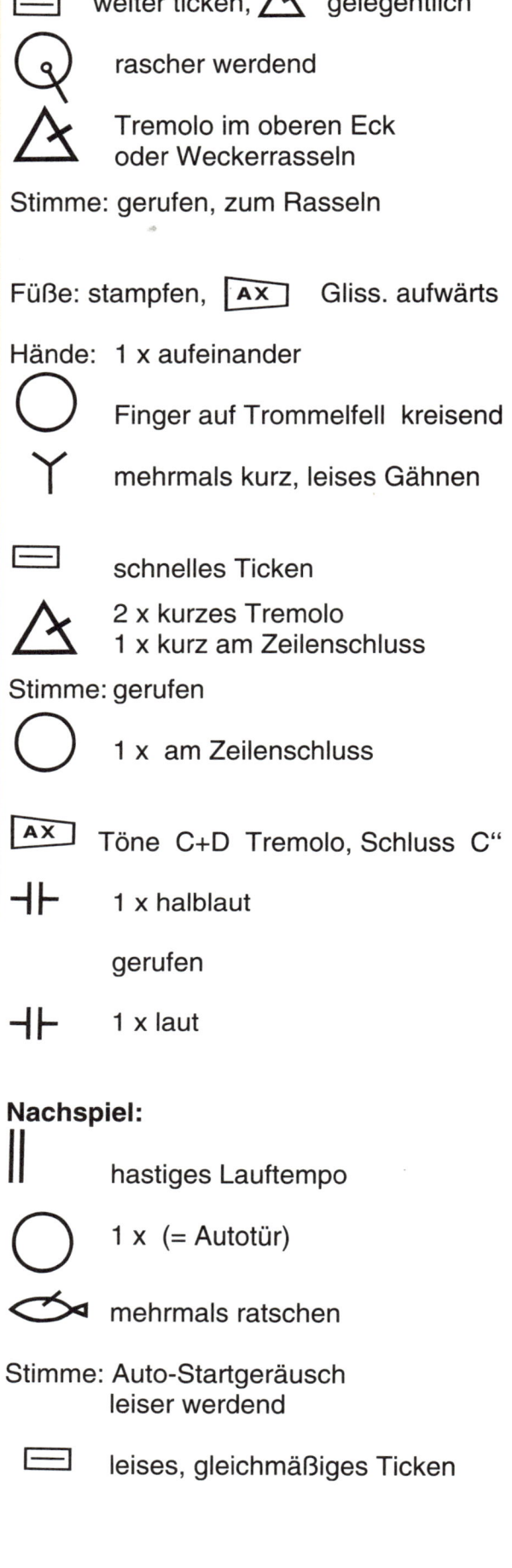

weiter ticken, gelegentlich

rascher werdend

Tremolo im oberen Eck
oder Weckerrasseln

Stimme: gerufen, zum Rasseln

Füße: stampfen, AX Gliss. aufwärts

Hände: 1 x aufeinander

Finger auf Trommelfell kreisend

mehrmals kurz, leises Gähnen

schnelles Ticken

2 x kurzes Tremolo
1 x kurz am Zeilenschluss

Stimme: gerufen

1 x am Zeilenschluss

AX Töne C+D Tremolo, Schluss C"

1 x halblaut

gerufen

1 x laut

Nachspiel:

hastiges Lauftempo

1 x (= Autotür)

mehrmals ratschen

Stimme: Auto-Startgeräusch
leiser werdend

leises, gleichmäßiges Ticken

EIN GEWITTERSTURM

SCHWIERIGKEITSGRAD: 🕐 🕐 🕐

Am Sommerhimmel zieht eine Gewitterfront auf. Das Unwetter entlädt sich.
Die Wolkenfront zieht ab.

Instrumente:

Sopran-Glockenspiel	Sopran-Xylophon	Triangeln	Pauke
Alt-Metallophon	Alt-Xylophon	Cymbeln	Gummiband
Metallophon-Klangstab	Bass-Xylophon	Fingercymbeln	Flasche
Handtrommel	Xylophon-Klangstab	Schellenreifen	Ofenblech
Klanghölzer	Schellenreifen, -stab	Stimme	Kamm/Seidenpapier
Schüttelrohr	Röhrenholztrommel	Papierbogen	Dosendeckel

Bemerkungen:

Bei dieser Wiedergabe einer Naturszene handelt es sich um eine sprachgestützte
Programm-Musik mit einfachsten Mitteln. Die Signalwörter weisen auf die beabsich-
tigten Klang- und Geräuscheffekte hin. Bei der musikalischen Umsetzung kommt es
sehr darauf an, von Anfang an fließende Übergänge zu erreichen und dabei nach
eigenem Ermessen Lautstärke und Dauer der Instrumentalaktionen zu bestimmen.
Aufgrund eigener Hörerfahrungen können die Kinder sich gut in die angemessene
Wiedergabe der Naturphänomene einfühlen. Sie bringen die Einsicht in die
Notwendigkeit eines komplexen Ablaufs auf.

Sollte bei der Ausführung der Gabelgriff zu schwierig sein, kann beidhändig mit zwei
Schlägeln gespielt werden. Schellenreifen und Schellenstab können gleichzeitig eingesetzt werden. Falls nicht beide vorhanden sind, genügt auch ein Instrument. Beim
Einsatz der Fingercymbeln müssen die anderen Instrumente stark zurückgenommen
werden. Ersatzweise genügt auch ein einfühlsamer Gebrauch der Cymbeln.

TEXT	KLÄNGE & GERÄUSCHE

TEXT   **KLÄNGE & GERÄUSCHE**

(1)
Die **Sommersonne** schien vom **Himmel**

 leises Dauertremolo
im oberen Eck (Schlägelstab)

herab und **wärmte** mit ihrem **Licht** Felder,

leise anschlagen,
großen Kreis ziehen

Wiesen und Wälder..

SG beide (ohne F und H)
AM improvisieren bis (4)

 C   leises Tremolo bis (4)

(2)
Die **Bienen** summten

Stimme: summen oder Kamm blasen

von **Blüte** zu **Blüte**.

1 x leise   1 x leise

Auf den Feldern **neigten** sich die Halme

SG Glissando abwärts mit
Schlägelstiel,

mit den reifen Ähren.

SG dann weiter improvisieren

Tremolo fortsetzen

gelegentlich

(3)
Doch während noch das **heiße Land**

Ränder leise reiben

unter der sengenden **Sonne brannte**,

Tremolo mit Schlägelstiel
fortsetzen

zog eine dunkle **Wolkenwand** am

SX Tremolo auf 2 benachbarten
Tönen (Gabelgriff) abwärts

Horizont auf.

AX ebenso,
etwas später einsetzend

(4)
Noch **strichen** die **Schwalben** tief über die

SG in Schwüngen hin und her

Erde hin, aber allmählich **wich** die Sonne

 Tremolo verklingend

hinter die **aufgetürmten Wolken**.

BX hohe Töne im Tremolo

 Tremolo, etwas lauter

(5)
Wind kam auf.

Stimme: leise Windgeräusche
in Flaschenöffnung pusten

Er **zerrte** an Baumkronen,

 leise schütteln, akzentuieren

Büschen

AX Tremolo, 1 Ton, akzentuieren

und **Wäscheleinen**, wurde

 Gummiband zupfen

stärker und warf offene **Türen zu**.

 Tür knallen

Alles, was keinen festen Halt hatte,

wirbelte er auf.

(6)
Donner grollte von fern.

Immer aufs neue hellte **Wetterleuchten**

den dunklen Himmel auf.

(7)
Erste pralle **Regentropfen platschten**

aufs Pflaster. Der Regen wurde **stärker**

und **strömte** aus den Wolken herunter.

(8)
Wer jetzt noch im Freien war, suchte so

schnell wie möglich **Schutz.**

(9)
Blitze zuckten

und ließen die **Donner**

gewaltig **krachen,**

während ein **Wolkenbruch**

nieder**prasselte.**

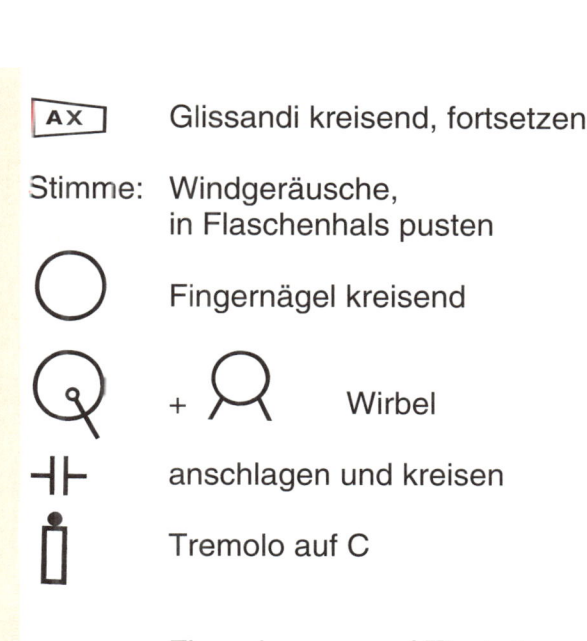

Glissandi kreisend, fortsetzen

Stimme: Windgeräusche,
in Flaschenhals pusten

Fingernägel kreisend

+   Wirbel

anschlagen und kreisen

Tremolo auf C

Fingerkuppen auf Tisch tippen,
ebenso auf Ofenblech,

ebenso, verstärkend

erst vereinzelt anschlagen,
dann wischen

Einzelstab in Handmulde
schlagen

leiser Wirbel

vibrierend schütteln

+   +   gleichzeitig

in unterschiedlichen Lauftempi

gelegentlich 1x energisch,
gleich danach:
Wirbel mit unterschiedlicher
Intensität anschließen

abwechselnd mit

benachbarte Töne gleichzeitig
(Gabelgriff) akzentuierend

Glissandi wie oben,
dazu: Windgeräusche wie oben

(10)
Die **Wasser schwollen an**, dass die

Gullis sie kaum noch schlucken konnten.

Es **triefte**, **strömte** und **brodelte**.

(11)
Duster war der Himmel, jäh aufgehellt

von mächtigen **Blitzen**.

Wer nicht dringend hinaus musste, blieb

der Straße fern.

(12)
Langsam **lockerte** der

Himmel am Horizont **auf**.

Der **Regen ließ nach**.

Blitze und Donner wurden **seltener**.

Schließlich grollten die Donner nur noch

von fern.

(13)
Es **hörte auf** zu regnen,

die **Sonne** kam hinter den Wolken hervor

und ein großer **Regenbogen** spannte sich

über den **weiten, klaren Himmel**.

Wind- und Regengeräusche fortsetzen!

AM — Glissandi abwärts

— wie einen Quirl drehen

BX — Tremolo, fortsetzen

Papierbogen zerreißen
Dosendeckel anschlagen
und reiben

Tremolo, fortsetzen

vibrierend schütteln

Laufgeräusch

1x weniger energisch, danach

+ leiser werdend

Wind und Regen nachlassend

BX — leiser werden und aufhören

Fingertippen nachlassend

AX — Glissando leiser, dann durch

SX — ablösen

leise einsetzendes Tremolo
im oberen Eck bis zum Schluss

Fingertippen vereinzelt

SG — frei improvisieren bis Schluss

1 x weich anschlagen
und ausklingen lassen

1 x weich, Regenbogen ziehen

kurzes Tremolo im oberen Eck,
dann vereinzelt sehr leise

Ortfried Pörsel: Die Wetterhexe • Neue Klanggeschichten © FIDULA

MÄUSCHEN IN NOT

SCHWIERIGKEITSGRAD: ⏰ ⏰

Im Wohnraum eines Hauses wird ein Mäuschen entdeckt, mit einer Lebendfalle gefangen und am Waldrand wieder freigelassen.

Instrumente:

Sopran-Glockenspiel	Gitarre	Cymbeln	Lammfellschlägel
Sopran-Xylophon	Schellenstab	Papier	Wecker
Klanghölzer	Handtrommel	Alufolie	Hand
Holzblocktrommel	Triangel	Holzkugel	Stimme

Bemerkungen:

Mäuse genießen bei Kindern nicht nur wegen der Hauptrollen in bestimmten Filmen und Fernsehsendungen große Beliebtheit. Als unerwünschte Eindringlinge in Wohnhäusern sind sie allerdings nicht gern gesehen. Im vorliegenden Falle, der auf einer „wahren Begebenheit" beruht, kommt die Maus mit dem Leben davon, was der Sympathie mit unschuldigen Lebewesen entspricht und der kindlichen Phantasie viel Raum lässt.

Musikalisch wird die Maus durch das Maus-Motiv, eine zunächst frei improvisierte kurze Melodie, vertreten, die mehrmals in bestimmten Situationen vorkommt (Entdeckung, Bedrohung, Angst, Überlebensfreude). Am Schluss könnte sie zu einem kleinen Freudentanz erweitert werden. Möglich wäre auch als Abschluss die letzte Strophe des Kinderliedes „Von der klitzekleinen Maus", s. Seite 137.
Bewegungen übernehmen Klanghölzer (im Decrescendo und Crescendo) und die Handtrommel mit rollender Kugel als Ausdruck des Umherirrens in der Lebendfalle.
Das Knabbern bzw. Rascheln mit Materialien wird mit Papier oder Alufolie sehr echt erzeugt. Sollte keine Gitarre zur Hand sein, kann auch ein Gummiband eingesetzt werden. Schreck, Angst und Zittern der Maus werden durch den Schellenstab hörbar.
Kinder ohne Musikinstrument können bei Bewegungsgeräuschen ihre Finger als Körperinstrument (Klopfen an der Tischkante) einsetzen.

TEXT	KLÄNGE & GERÄUSCHE
„Da raschelt doch was", sagt Petra. „Wo denn?" fragt Mutti. „Da, hinter der Schrankwand!" „Ich höre nichts." „Doch. Ganz leise. Horch mal!"	mit Papier oder Alufolie rascheln wie oben
„Ja, hinter der Schrankwand. Das muss eine Maus sein."	**SG** Maus-Motiv als kurze, improvisierte Melodie
Petra läuft schnell hinunter in den Keller. Sie bringt die Mausefalle.	Schritte, leiser werdend dann: Schritte, lauter werdend
„Die Maus werden wir bald haben", flüstert sie.	**SG** Maus-Motiv wie oben Tremolo leise
Sie spießt ein Stückchen Käse am Haken der Falle auf	1x mit Holzschlägel, leise
und spannt die Klappe.	**GIT** Saite anschlagen, mit Finger verkürzen
Dann stellt sie die Falle am Ende der Schrankwand neben die Mauer.	auf den Fußboden stellen oder 3 Finger auf Tischplatte tippen
Nachts kommt das Mäuschen hinter der Schrankwand hervor.	leises Tremolo
Es riecht den Käse und läuft in die Falle.	rascheln mit Papier und Alufolie
Patsch! Saust die Klappe herunter!	fest auf Fußboden
Das Mäuschen erschrickt.	1 x anschlagen und schütteln
Es läuft in der Falle hin und her, aber es kann nicht mehr heraus.	Holzkugel in Handtrommel beliebig rollen lassen, dann
Die Falle ist zu!	1 Schlag

 Ortfried Pörsel: Die Wetterhexe • Neue Klanggeschichten © FIDULA

Am Morgen schaut Petra nach. Sie entdeckt das Mäuschen in der Falle.	Tremolo im oberen Eck oder Weckerklingel dazu: Maus-Motiv
„Mama! Papa! Kommt mal schnell!" ruft sie. „Das Mäuschen ist gefangen!"	rasch gerufen 1 x
Da kriegt das Mäuschen noch mehr Angst.	S X Maus-Motiv, schütteln
Petra holt den Einkaufskorb	rasch
und stellt die Falle hinein.	auf Tischplatte setzen
Dazu legt sie etwas Brot*, Käse* und eine Scheibe Wurst*.	je 1 x nach *
Vati holt das Auto aus der Garage und fährt mit ihr	Stimme: Motorgeräusch
und der Maus zum nahen Waldrand.	Tremolo
Dort legen sie das Brot*, den Käse* und die Wurstscheibe* auf das Gras.	je 1 x nach *
Petra setzt die Falle mit dem Mäuschen	flache Hand auf Kissen
ins Gras und drückt die Klappe hoch.	GIT 1 Saite zupfen, mit dem Finger verkürzen
Da rennt das Mäuschen schnell hinaus	Mit Papier / Alufolie rascheln
und versteckt sich.	S X abwärts
Es ist froh, wieder im Freien zu sein.	S G Maus-Motiv
	S X ebenso
	alle anderen Instrumente in freiem Begleitrhythmus dazu

VOM EICHHÖRNCHEN, DEM FUCHS UND DER HASELMAUS

SCHWIERIGKEITSGRAD: ⏰ ⏰

Das Eichhörnchen erwacht aus dem Winterschlaf und findet sein Futterlager nicht. Der Fuchs bietet seine Hilfe an, doch sein „Angebot" wird durchschaut. Dem Eichhörnchen fällt der Lagerplatz wieder ein, und mit Hilfe der Haselmaus werden die Nüsse zum Kobel gebracht. Der Fuchs kommt mit seiner List zu spät.

Instrumente:

Sopran-Glockenspiel	Bass-Xylophon	Schüttelrohr	Guiro
Alt-Glockenspiel	Xylophon-Klangstab	Cymbeln	Triangel
Alt-Metallophon	Handtrommel	Hängendes Becken	Klanghölzer
Alt-Xylophon	Röhrenholztrommel	Schellenstab	Schnarre

Bemerkungen:

Bei dieser Klanggeschichte handelt es sich um eine Tiergeschichte, die ebenso ohne Klänge und Geräusche auskommen könnte. Ihre Klangform entstand durch den Reiz der Darstellung bestimmter Gefühle, Stimmungen und Tätigkeiten, die immer wieder-kehren und im Text als Signalwörter markiert sind.

Die Geschichte sollte zunächst den Kindern erzählt werden. Anschließend kann sie mit verteilten Rollen (Sprecher/-in, Eichhörnchen, Haselmaus und Fuchs) gelesen und gespielt werden. Für die musikalische Bearbeitung werden danach die Instrumente ausgewählt. Wichtig ist beim Einüben die genaue Abfolge der Instrumental-einsätze. Der Text (mit seinen nummerierten Abschnitten) kann anfangs vom Erwachsenen gesprochen werden. Später übernehmen ihn wieder die Kinder mit verteilten Rollen. Bei zunehmender Übung ist darauf zu achten, dass aus der bloßen Aneinanderreihung von Klängen und Geräuschen durch sinnvolle Dauerklänge (kein Klangteppich!) Übergänge geschaffen werden, die zusammen mit dem Text zu einer Einheit verwachsen. Dies ist eine kreative Aufgabe für die leitende Person.

Wichtig ist außerdem, dass der Text angemessen erzählend vorgetragen wird, da-mit die Synchronisation nicht unter einem zu schnellen Tempo leidet. Dadurch bleibt den Zuhörern Zeit zur Aufnahme von Sprache und Klang.

Ortfried Pörsel: Die Wetterhexe • Neue Klanggeschichten © FIDULA

TEXT	KLÄNGE & GERÄUSCHE

(7)

„Wenn du wenigstens die **Richtung** wüsstest, wäre die Suche nicht so **schwierig**", meinte die Haselmaus.

AX — unterschiedlich schweifend

○ — Kugel auf Trommelfell rollen

Aber auch das **half nicht**.

AM — C + G gleichzeitig

(8)

Nach einer Weile **kam** der **Fuchs** wieder vorbei und rief hinauf:
„Wie ich sehe, habt ihr die **Haselnüsse** noch immer nicht gefunden.
Wenn ihr hier auf dem Baum sitzen bleibt, könnt ihr lange warten.

C — dumpfes Tremolo (bis einschließlich 11)

— ungleichmäßig hoch und tief

Ich alter **Fuchs** habe die Haselnüsse inzwischen gefunden."

○ — zwei Finger auf Trommelfell „abziehen", dann kratzen

SG — Glissando abwärts

(9)

„Das kann jeder sagen", rief das Eichhörnchen hinunter. „Wir glauben dir **nicht**!"

‖ — rasch

— 1 x halblaut

(10)

Und die Haselmaus fügte hinzu:

‖ — rasch

„Bring uns erst **ein paar Haselnüsse** als Beweis."

— unregelmäßig hoch und tief

(11)

„Nichts leichter als das", antwortete der Fuchs und **eilte davon**.

○ — zwei Finger auf Trommelfell „abziehen", dann kratzen, in Laufgeräusch übergehen und leiser werden

(12)

„**Denk** noch mal genau **nach**", riet die Haselmaus dem Eichhörnchen.
„Es kann doch nur beim **Haselstrauch**

AM — C + G gleichzeitig

△ — leises Tremolo

oder auf dem **Weg** hierher gewesen sein."

‖ — rasch, aber leise und bedächtig

Zusatzblatt zur Geschichte

VOM EICHHÖRNCHEN, DEM FUCHS UND DER HASELMAUS

Abschnitt (7) bis (12)

Durch einen bedauerlichen Irrtum fehlen (ab Seite 73 unten) sechs Abschnitte.

Sie sind auf der Vorderseite dieses Blattes abgedruckt.

Wir bitten diesen Fehler zu entschuldigen.

Ihr Fidula-Verlag

TEXT	KLÄNGE & GERÄUSCHE

TEXT

(1)
Mitten im **Winter** erwachte das

Eichhörnchen aus seinem Winterschlaf.

Es hatte **Hunger** und wollte die leckeren **Haselnüsse** essen, die es im Herbst am Waldrand gesammelt und von denen es einen reichlichen Vorrat vergraben hatte.

(2)
Aber nun fiel ihm die Stelle nicht mehr ein. Deshalb **sprang** es zum Nest der

Haselmaus hinüber, **kitzelte** sie mit dem buschigen Schwanz wach und fragte: „Haselmaus, ich **weiß nicht mehr**, wo ich

meine **Haselnüsse** versteckt habe. Kannst du mir aushelfen? Ich habe solchen **Hunger**!"

(3)
„**Zwei oder drei** kann ich dir geben",

antwortete die **Haselmaus**.

„Die anderen brauche ich selber."

(4)
„Was erzählt ihr da oben?", mischte sich der **Fuchs** ein, der gerade vorbeikam und

das Gespräch der beiden **belauscht** hatte.
„Lasst uns doch **zusammen suchen** gehen."

(5)
„**Danke, nein!**", rief das Eichhörnchen.

„Du hast wohl selber **Hunger**. Wir finden

die **Haselnüsse** auch allein."

(6)
Da zog der Fuchs davon.
Das Eichhörnchen **zerbrach** sich fast

den Kopf, aber der

Vorratsplatz fiel ihm trotzdem nicht ein.

KLÄNGE & GERÄUSCHE

 leise wischen mit tiefen Tönen unterschiedlich laut fortsetzen

 leiser Wirbel dazu

 1 x langsam ratschen
 unregelmäßig hoch und tief

 C + G gleichzeitig (= Leere)

SG Glissando auf- und abwärts
 kurzes Tremolo im oberen Eck
AM C + G gleichzeitig

 unregelmäßig hoch und tief

 1 x langsam ratschen

‖ 2 x und 3 x anschlagen

AG kurz improvisieren

 C dumpfes Tremolo, fortsetzen (bis einschließlich 5)

 zwei Finger auf Trommelfell „abziehen", dann kratzen
SG ein kurzes Glissando aufwärts
AG ebenso

 1 x halblaut
 1 x ratschen
 unregelmäßig hoch und tief

 unregelmäßig und akzentuiert leiser werdend

AM C + G gleichzeitig
 langsam ratschen

(13)

„Richtig!", rief das Eichhörnchen **erfreut**.

„Am Weg hierher ist ein dicker **Baumstumpf**.

Aus dem wachsen neue **Zweige**.

Und darunter sind die **Haselnüsse** versteckt! Hilf sie mir holen, bevor der Fuchs zurückkommt. Du bekommst auch einen Teil davon."

(14)

Gleich sprangen beide den **Baumstamm hinunter** und liefen zum Wurzelstumpf.

Das Eichhörnchen **buddelte** mit seinen flinken Vorderpfoten Laub und Erde beiseite. **Da** lag der

Haselnussschatz frisch wie im Herbst vor ihnen. Beide eilten nun **hin und her**, vom Baumstumpf zum Kobel, vom Kobel zum Baumstumpf, bis auch die letzte Nuss im Kobel war. Und das Eichhörnchen gab der Haselmaus **einen Teil davon ab**.

(15)

Als die mit ihrer Arbeit gerade fertig waren und oben auf dem Baum **verschnauften**,

kam der **Fuchs** wieder vorbei.
Er war in der nahen Stadt beim Kaufmann gewesen und hatte heimlich einen

Beutel **Haselnüsse gestohlen**. Von denen brachte er ein paar in seiner Schnauze, ließ sie **herausfallen** und rief hinauf: „Schaut her! Ich habe das Versteck gefunden. Hier sind ein paar Nüsse als Beweis. Aber **holen** müsst ihr sie schon selber. Kommt runter! Dann zeige ich euch, wo sie **vergraben** sind."

(16)

„**Danke** für die Suche", rief das Eichhörnchen.
„Nichts zu danken", antwortete der Fuchs.
Die Nüsse sind **lecker** wie am Erntetag.

Wollt ihr nicht eine versuchen?"

Notation / Anweisungen (rechte Spalte):

- 1 x, nicht zu laut
- Kugel auf Trommelfell kreisen lassen
- SX — hohe Glissandi aufwärts
- unregelmäßig hoch und tief
- SG / AG — beide Glissando abwärts danach nur SG 2 Töne rasch abwechselnd,
- dazu schütteln
- 1 x halblaut
- mehrmals hoch oder tief
- Laufgeräusch, leiser und lauter werdend
- Stimme: Schnaufen
- mehrmals hoch oder tief
- SG / AG — nacheinander 1 x Gliss. aufwärts
- C — dumpfes Tremolo (zurückhaltend bis Schluss, am Schluss laut)
- einige Male mit Finger tippen
- wie oben
- 1 Schlag mit flacher Hand
- schütteln
- SG — kurz improvisieren
- schütteln
- dumpfes Tremolo

Ortfried Pörsel: Die Wetterhexe • Neue Klanggeschichten © FIDULA

(17)
„Lass die **Haselnüsse** nur liegen. Wir holen sie später", schlug die Haselmaus vor, und das Eichhörnchen sagte: „Deine Nüsse sind gar **nicht** meine Nüsse. Wir haben den Vorrat schon **gefunden** und sind gut versorgt. Dich haben wir dort nicht getroffen."

(18)
„Was seid ihr für ein undankbares **Pack**!",

rief der Fuchs **wütend**.
„Da mache ich mir die Mühe, euch **Haselnüsse** zu besorgen,
und ihr wollt sie nicht einmal haben. Euch werde ich nie wieder helfen, und wenn ihr noch so **hungrig** seid!"

Rief's und lief **voller Wut davon**.

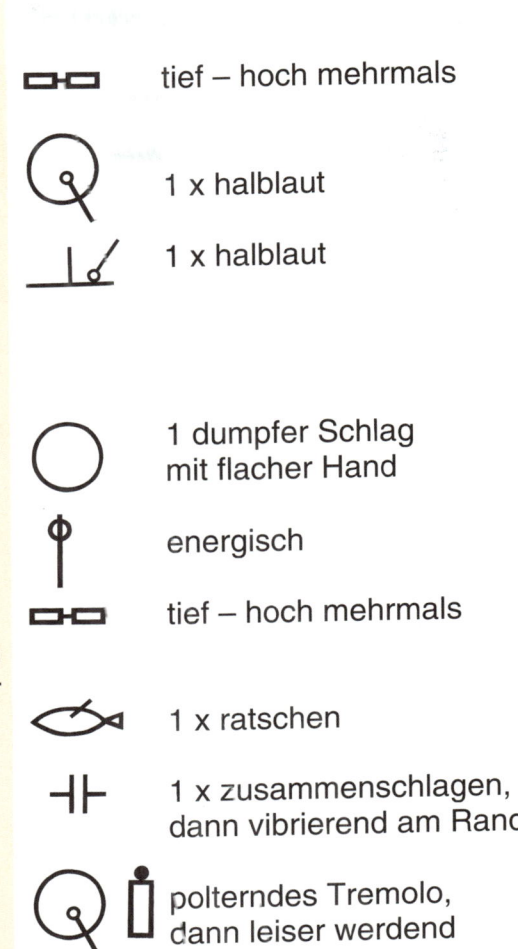

tief – hoch mehrmals

1 x halblaut

1 x halblaut

1 dumpfer Schlag
mit flacher Hand

energisch

tief – hoch mehrmals

1 x ratschen

1 x zusammenschlagen,
dann vibrierend am Rand

polterndes Tremolo,
dann leiser werdend

beide leise improvisieren

DAS GESPENST VON STONEHILL CASTLE

SCHWIERIGKEITSGRAD: 🕐 🕐 🕐

Sir Peter Brown und seine Gattin haben in Schottland ein Schloss gekauft. In der ersten Nacht erscheint ihnen ein Gespenst, das von Scotland Yard unschädlich gemacht wird. Inspektor Scott klärt den Fall auf.

Instrumente:

Sopran-Glockenspiel	Handtrommel	Schellenstab	Hängendes Becken
Alt-Metallophon	Röhrenholztrommel	Cymbeln	Gardinenringe mit Rundstab
Alt-Xylophon	Holzblocktrommel	Guiro	leere Flasche
Bass-Xylophon	Schellenreifen	Schnarre	Kleinholz
Xylophon-Klangstab	Schellenkranz	Kettenrassel	Schüssel / Eimer

Bemerkungen:

Dieser Krimi ist eine von mehreren Lösungen des Unterrichtsvorhabens „Wir erfinden einen Krimi" in dritten und vierten Jahrgangsklassen der Grundschule. Bei seiner Erarbeitung mussten folgende Kriterien berücksichtigt werden:
- Ein Täter braucht ein klares Motiv.
- Die Handlung muss spannend sein.
- Sie darf nicht ausufern und muss am Schluss die Aufklärung des Falles bringen.

Die britische Insel als Mutterland des Krimis, ein Schloss als Handlungsort und die Mitwirkung von Scottland Yard boten sich als günstige Komponenten der mordlosen Handlung an. Das Unwetter zur Tatzeit gibt einen zusätzlichen Gruseleffekt.
Da die Handlung des Krimis in Gesprächsform abläuft, ergab sich folgerichtig eine spätere Aufnahme als Hörspiel. Sie sollte erst am Schluss der Erarbeitungsphase angesetzt werden.

Bei der Verklanglichung kommen in erster Linie die Orff'schen Effektinstrumente und einige dumpftönende Stabspiele zum Aufbau der Gruselstimmung zum Zuge, die sich am Schluss mit einer Spieldosenmusik in ruhige Atmosphäre umwandelt.

Ortfried Pörsel: Die Wetterhexe • Neue Klanggeschichten © FIDULA

TEXT

SZENE 1
Dining Room, Knistern des Kaminfeuers, Ticken der Standuhr.

Mary Brown *zum Butler Harry:*
Harry, machen Sie den Abendrundgang. Kontrollieren Sie, ob alle Fenster und Türen verschlossen sind.

Harry:
Sehr wohl, Madam!
Entfernt sich.
Standuhr schlägt die dreiviertel Stunde.

Sir Peter Brown *betritt den Raum:*
Es ist spät geworden.

Mary Brown:
Lass uns zur Ruhe gehen, Peter. Der Tag war anstrengend. Wir brauchen Schlaf.

Sir Peter Brown:
Schon recht, Mary. Die erste Nacht in unserem neugekauften Schloss, Mary. Wir sind Schlossbesitzer!
Schließt Fenster und zieht den Fenster-vorhang zu.

ZWISCHENSZENE:
Nacht.

Dunkle Wolken am Himmel.

Wind kommt auf.

Käuzchen schreit.
Hund bellt von fern.
Leise Schritte.
Türknarren.

Regen setzt ein,
prasselt gegen Fensterscheiben.

Wind wird stärker.
Rauschen in den Baumkronen.

Blitz und Donner.

KLÄNGE & GERÄUSCHE

Kleinholz brechen
tief – hoch (bis Szenenende)

 C leises Tremolo (fortlaufend)
Fenster schließen

Schuhe auf Fußboden

 3 Schläge am Rand

Schuhe auf Fußboden

Fenster schließen
Gardinenringe auf Rundstab streifen

 Wirbel auf C

 Glissandi unterschiedlicher Lage

in leere Flasche pusten

Stimme: Käuzchenruf,
Hundegebell
Schuhe auf Fußboden
 1 x langsam

 Fingerkuppen auf Trommelfell
Fingerkuppen auf Holz

Stimme: Windgeräusch,
Blätterrauschen

 akzentuiert

 unregelmäßiger Wirbel

SZENE 2:

Mary Brown:
Ein Unwetter, Peter! Das ist kein gutes Zeichen! Ich ahne Schlimmes.

Sir Peter Brown:
Sei ohne Sorge, Mary. Das zieht vorüber, und morgen folgt ein wunderschöner Tag.
Blitz und Donner, Sturm.

Mary Brown:
Peter, ich habe Angst. Man erzählt sich in dieser Gegend, in Stonehill Castle spuke es.

Sir Peter Brown:
Darauf gebe ich nichts! Hier spukt es ebenso wenig wie in Downing Street number ten.
Ächzen im Gebälk.

Mary Brown:
Peter, es geht schon los!
Wenn doch die Nacht vorbei wäre!

Sir Peter Brown:
Was du nur hast! Kuschle dich unter die Bettdecke, dann siehst und hörst du nichts. Gute Nacht!
Blitz und Donner. Stürmischer Wind. Rauschen in den Bäumen.

Mary Brown *ängstlich:*
Peter, schau da! Die Tür öffnet sich von selbst! Sie war doch verschlossen!

Sir Peter Brown:
Bei allen guten Geistern Englands! Wer kommt da?
Gespenst huscht in den Raum.

Mary Brown:
Peter! Peter! Ein Gespenst! Hilfe!

Sir Peter Brown:
Bei seiner Majestät, dem König!

Was willst du hier? Verschwinde!

Wirft mit Schuh nach dem Gespenst.

Unwetter variiert fortsetzen

 leises Schütteln

 akzentuiert

 verstärkter, unregelmäßiger Wirbel

lauteres Schütteln

Stimme: unheimliches Pfeifen

Regengeräusche verstärken

 1 x gedehnt

 C etwas lauter

 akzentuiert

laut und rumpelnd

 1 x gedehnt

 1 x, nicht zu laut

 Glissando in tiefer Lage

 leise und ausdauernd

 in verschiedenen Höhen akzentuiert schütteln

laut schütteln

 ein Schlag mit flacher Hand

Stimme: scharfes Pfeifen

 energisch schütteln

Gespenst:
Mich triffst du nicht, du bedauernswerter Fremdling!
Gleitet durch den Raum.

Mary Brown:
Wir haben dir nichts getan! Wir sind friedliche Leute!

Gespenst:
Diebe seid ihr! Ihr habt euch das Schloss habgierig gestohlen! Macht, dass ihr fortkommt, sonst bringe ich euch um!

Sir Peter Brown:
Wir haben das Schloss ehrlich erworben. Es gehört uns!
Blitz, Donner, Regen und Wind.

Gespenst:
Verärgert und mit drohender Gebärde.
Nein und abermals nein! Verschwindet vom Besitztum meiner Ahnen!
Sonst ist eure letzte Stunde gekommen.

Sir Peter Brown:
Harry, wo bist du! Wir brauchen dich!

Butler Harry *Entfernt und ängstlich:*
Ich kann nicht, Sir!
Mir schlottern die Knie!
Schnelle Schritte.

Rufe:
Halt! Stehen bleiben!
Hundegebell. Laufen. Schnappen.
Reißen. Schreie.

Sir Peter Brown:
Bei ihrer Majestät! Was ist hier los?

Gespenst:
Lass los, du elende Bestie!

Mary Brown:
Schau, Peter!

Das Gespenst ist gar keins!

Stimme: in Schüssel / Eimer hinein rufen

vibrieren in unterschiedlicher Lautstärke

1 x, nicht zu laut

laut schütteln

im Spalt mit Stab hin und her

Stimme: in Schüssel / Eimer hinein rufen

in verschiedenen Höhen akzentuiert schütteln

ein Schlag mit flacher Hand

Unwettergeräusche wie oben

Stimme in Schüssel / Eimer hinein rufen auf „Nein!" hart anschlagen, dann in unterschiedlicher Höhe akzentuiert schütteln

kraftvoll gerufen

rasseln, fortlaufend
flache Finger auf Holz

SG rasches Glissando aufwärts
Stimme: laut bellen, fauchen, schnappen, schreien (fortsetzen)

mehrmals kräftig hin und her

Stimme: ohne Hall gerufen

 akzentuiert

 im Spalt mit Stab hin und her

 Tremolo mit zwei Filzschlägeln am Rand

Inspektor Scott:
Halt! Keine Bewegung!

Bello, lass ab!

Gespenst:
Nicht schießen, bitte!

Inspektor Scott:
Hab ich mir's doch gedacht!
Jim Marble, der Gärtner! Gut gemacht,
Bello!
Zu Mary Brown:
Ängstigen Sie sich nicht, Madam.
Gespenster gibt es hier seit hundert
Jahren nicht mehr.
Donner von fern.

Sir Peter Brown:
Warum der Gärtner?

Inspektor Scott:
Wie Sie sehen, Sir:
Der Gärtner als Gespenst. Das ist der
verarmte Bruder des vorigen Schlossbe-
sitzers.
Er wollte Sie vertreiben, um das Schloss
weiter selbst bewohnen zu können.

Zum Gärtner: Sie sind verhaftet.

Zu den anderen Beamten:
Führt ihn ab.

Sir Peter Brown:
Wo ist Harry?

Inspektor Scott:
Den haben wir schon. Der hat den Plan
mit ausgeheckt. Wir hatten Hinweise.
Ich lasse zwei meiner Leute zu Ihrem
Schutze hier, falls da noch andere
Ganoven mitgemischt haben.
Gute Nacht, Madam!
Gute Nacht, Mr. Brown!
Schlafen Sie wohl.

Inspektor Brown ab.

Ticken der Uhr

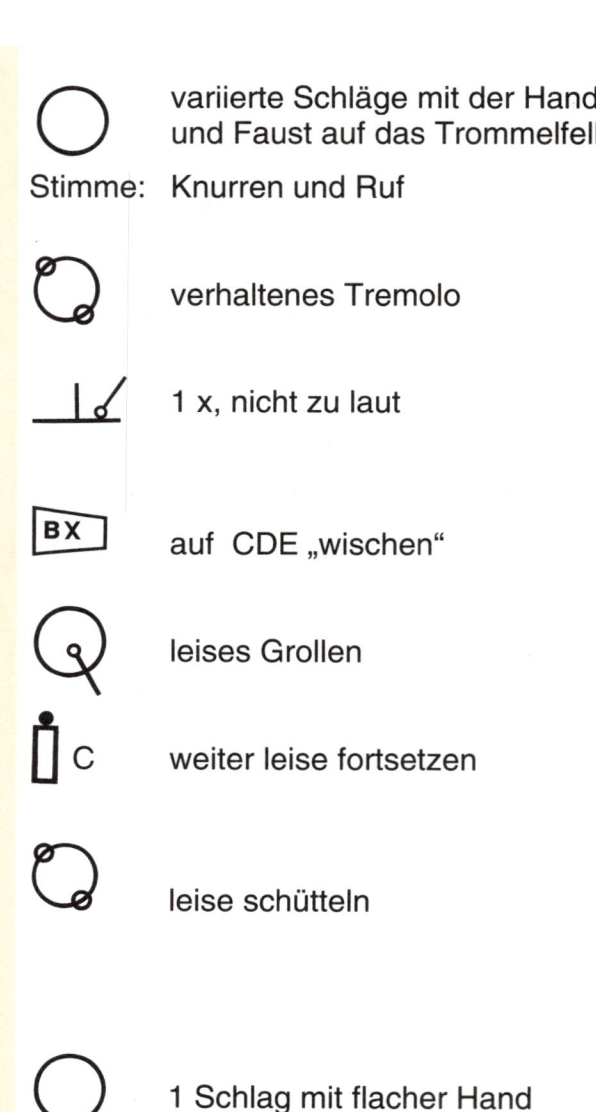

variierte Schläge mit der Hand und Faust auf das Trommelfell

Stimme: Knurren und Ruf

verhaltenes Tremolo

 1 x, nicht zu laut

 auf CDE „wischen"

leises Grollen

weiter leise fortsetzen

leise schütteln

1 Schlag mit flacher Hand

 1 x leise

Regengeräusche vereinzelt und beenden

 Volkslied (Spieldose)*

 dazu Stufentöne

 auf Taktanfang

tief – hoch

*z.B. „Should old acquaintance be forgot"
(Melodie von „Nehmt Abschied, Freunde")

LUCKY FRIEND

SCHWIERIGKEITSGRAD: ⏰ ⏰ ⏰

Der Rappe „Lucky Friend" ist Jim von seiner Ranch gestohlen worden. Im Saloon von Little Town trifft er am Tage vor dem Pferdemarkt einen Fremden, der sich dem Verdacht aussetzt, der Dieb zu sein. Mit Hilfe des Sheriffs wird der Fall aufgeklärt.

Instrumente:

Sopran-Glockenspiel	Cymbeln	Wassergefäß	Schlüsselbund
Alt-Xylophon	Hängendes Becken	Gießkanne	Hand
Bass-Xylophon	Guiro	Gläser	Schuhe
Klanghölzer	Stabrassel	Metalltablett	Stimme
Handtrommel	Schellenreifen	Lineal	

Bemerkungen:

Die Handlung dieser Klanggeschichte ist aus drei Szenen aufgebaut. Nach dem Bauplan eines Western wird die böse Tat aufgedeckt und gesühnt, wobei der Sheriff dem Geschädigten zu seinem Recht verhilft. Die übliche „Lovestory" mußte hier im Interesse einer straffen und knappen Handlung entfallen. Deshalb sollte man bei der Verteilung der Aufgaben Mädchen ausnahmsweise bevorzugt mit Instrumenten einsetzen. Da die Handlung von nur sechs Personen getragen wird (Jim, Jerry, Tom, Bill, dem Wirt und dem Sheriff), ergibt sich bei einer Großgruppe die Schwierigkeit der Einbindung derjenigen Kinder, die nicht mit einem Klang- oder Geräuscherzeuger versehen sind. Hier bietet sich der Einsatz für die Reitgeräusche, das Stimmengewirr im Saloon und den Hintergrundchor an.

Ebenso wie bei der Klanggeschichte „Das Gespenst von Stonehill Castle" legt die Dialogform eine Audiocassetten-Aufnahme nahe.
Dabei können Spezialeffekte wie Detailgeräusche direkt vor dem Mikrofon erreicht werden.
Empfehlenswert sind mehrere Aufnahmen, von denen die beste als kleines Hörspiel für spätere Anhörungen ausgesucht wird.

TEXT	KLÄNGE & GERÄUSCHE
SZENE 1: Jerry Dark in Rocky House *Jerry und Bill zu Pferde. Hufschlag und* *Peitschenknall.* **Jerry:** So. Das hätten wir erreicht. *Steigen ab.* *Tür wird geöffnet.* *Jerry zu Bill* Bring es in den Stall und gib ihm Futter. **Bill:** Okay, Boss. *Führt das Pferd in den Stall. Stalltür zu.* **Jerry:** Bill, du bewachst das Pferd. Am Abend sind wir zurück. *zu Tom* Steig auf, Tom. Wir reiten nach Little Town. Morgen ist Pferdemarkt. Mal sehen, was für Leute heute dort schon anzutreffen sind. *Beide steigen auf und reiten davon.*	Stimme: Zungenschnalzen (Von Galopp in Trab. Anhalten.) Fingerkuppen auf Tisch 1 x Lineal auf Tischkante Schuhe auf Fußboden stampfen [SG] ein Liedanfang, auch gepfiffen ⊂>< 1 x gedehnt ‖ + Zungenschnalzen ◯ 1 Schlag mit flacher Hand ein Liedanfang, gepfiffen
SZENE 2: Im Saloon von Little Town *Stimmengewirr. Jim tritt ein und geht an die Theke.* **Jim:** Hallo, Buster King! Wie läuft der Laden? **Buster King, der Wirt:** Hey, Jim. Alles bestens. Du bist auch mal wieder hier? **Jim:** Ja. Morgen ist hier doch Pferdemarkt. Ich brauche ein neues Pferd. Mein „Lucky Friend" ist mir auf der Ranch gestohlen worden. **Buster King:** Sag bloß! Diese Strauchdiebe! **Jim:** Die Fährten führten in Richtung Kentucky. Der Regen hat sie verwischt. Drei Kerle waren da am Werk. Diese Typen sind heute hier und morgen da. Die sind leider schlecht zu fassen.	Stimme: 1 x pfeifen Stimme: ein energischer Pfiff ‖ + Zungenschnalzen, allmählich leiser werdend GIT Country-Musik durch Hintergrundchor als Begleitung Stimmen als Hintergrund Gläser klirren, auf Tablett stellen; Wasser aus kleiner Kanne in Schüssel; Glas in Wassergefäßschwenken, auf Blechtablett stellen Wasser aus Gießkanne in Glas Stimme: Zungenschnalzen Handschlag auf Tischplatte ◯ Fingerkuppen auf Trommelfell

Ortfried Pörsel: Die Wetterhexe • Neue Klanggeschichten © FIDULA

Buster King, der Wirt:
Von der Nische da kannst du den Saloon gut überblicken. Wer weiß, vielleicht siehst du deinen Rappen schon morgen wieder.
Jim entfernt sich zur Nische. Country-Musik.

Country-Musik
vom Hintergrundchor

Jerry und Tom treten ein. Sie gehen an die Theke.

Country-Musik, gedämpft

Jerry:
Hey, Wirt! Zwei doppelte Whisky für mich und meinen Boy!

Buster King, der Wirt:
Hey, ihr beiden!
Schenkt ein
Kommt ihr zum Pferdemarkt nach Little Town?

Wasser in Gefäß gießen,
Glas in Wasserschüssel schwenken,
Gläser auf Blechtablett stellen

Jerry:
Na klar! Was sonst?

○ 1 x mit flacher Hand

Ich habe ein Pferd anzubieten, so eines hat Little Town noch nie gesehen.
Einen Rappen. Erste Wahl.

Stimme: 1 x Zungeschnalzen

mehrmals Fingerschnalzen

Mit dem holt dich kein anderer ein!

1 x leise

Tiptop gepflegt. Einfach Spitze!

Stimme: 1 x Zungeschnalzen

Buster King, der Wirt:
Hast du's gezüchtet?

1 x tief - hoch

Jerry:
Gezüchtet? Nein. Geerbt. Von Jefferson John, einem Pferdenarren aus Oklahoma. War der Bruder meiner Mutter, der verstand was von Pferden.
Hoffentlich findet sich hier in Little Town ein Rancher, der weiß, was so ein Pferd wert ist.

kurz schütteln

Münzen in Blechgefäß fallen lassen

Jim:
Tritt heran
Vielleicht ich. Wie heißt denn das Pferd?

○ 1 x mit flacher Hand

Jerry:
Verblüfft. Zögernd
Äh, Thunderstorm. Wozu willst du das wissen?

1 x Lineal auf Tischkante

Jim:
Ein schnelles Pferd könnte ich gut brauchen. Ein Rappe, sagst du? Wo ist es denn? Vielleicht können wir uns schon heute einig werden.

rasches Zungenschnalzen

Jerry:
Hey, hey! Mal langsam! Das hat Zeit bis morgen .

2 x auf „Hey, hey."

Jim:
Nein. Jetzt will ich's sehen.

1 x kurz

Jerry:
Zu Tom gewandt
Tom, dieser Kerl wird aufdringlich.

1 x flache Hand auf Trommelfell

Kurze Auseinandersetzung

Hand und Faust auf Tisch
Stampfen, Klatschen und
Schlüsselbund schütteln

Sheriff:
Erscheint
Stopp, ihr Kampfhähne! Da komme ich wohl gerade recht. Warum streitet ihr?

1 x halblaut

Jim:
Er hat mein Pferd gestohlen!

1 Schlag

Jerry:
Von wegen! Er nennt mich einen Dieb! Das soll er mir büßen!

erst 1 x in der Luft,
dann 2 x gegen Bein

Sheriff:
Ay! Seh ich recht? Jerry Connors! Dich suchen wir schon lange. In Rickyderry hast du auch noch eine Rechnung offen. *Jerry wird festgenommen.*

1 x halblaut

Messerklingen aufeinander
Schlüsselbund schütteln

Buster King, der Wirt:
Er hat vermutlich ein Pferd im Stall, das wohl gar nicht hineingehört. Geerbt will er's haben und morgen verkaufen.

Jim:
Mein Pferd.

1 x flache Hand auf Trommelfell

Sheriff:
Das klären wir. Wo ist es?

Ortfried Pörsel: Die Wetterhexe • Neue Klanggeschichten © FIDULA

Jerry:
In Rocky House. Ich hab's geerbt von
Jefferson John. Es gehört mir.

Sheriff:
Wir werden sehen.
Auf nach Rocky House!

SZENE 3: In Rocky House

Reiter nähern sich, halten an.

Stimme: Zungenschnalzen wie Anfang
Schuhe auf Fußboden

Jerry:
Hallo, Bill! Ich bin's, Jerry. Hab hier ein
paar Leute mitgebracht. Behauptet doch
einer, ich habe Thunderstorm gestohlen.
Völlig aus der Luft gegriffen.

1 Pfiff durch die Finger

1 Schlag

Sheriff:
Das wollen wir klären.

1 x langsam

Jim:
Betritt den Stall.
Hey, Lucky Friend! Lucky Friend!
Pferd wiehert.

leise am Rand vibrieren

Stimme: wiehern

Sheriff, das ist mein Pferd! Vor drei
Tagen wurde es auf meiner Ranch
gestohlen. Hieran erkenne ich es.
Zeigt auf eine Brandmarke.

1 x halblaut

Und hier liegen Sattel und Zaumzeug.
Schaut selbst! Von Ricken & Brothers in
Silverstone gefertigt.

SG | Glissando aufwärts

Sheriff:
*Kontrolliert das Herstellerschild von Sattel
und Zaumzeug.*
Okay. Das Pferd ist deines.
Wir sehen uns vor Gericht wieder. In
Little Town.
Legt Connors die Handschellen an.

AX | Glissando aufwärts

Schlüsselbund schütteln

Jerry:
Und dich, Bill, sehen wir dort auch.

Finger auf Tischkante

Alle zu Pferd ab.

Stimme: Zungenschnalzen,
allmählich leiser werdend,
in Country-Musik übergehend

GRAF TULP VON PÜMPEL

SCHWIERIGKEITSGRAD:

Graf Tulp von Pümpel wirft seinen überschüssigen Hausrat zum Fenster hinaus. Ein Lindwurm baut sich daraus einen Turm und wird damit zum energiespendenden Nachbarn und Wächter des Grafen.

Instrumente:

Sopran-Glockenspiel	Cymbeln	Schnarre	Stimme / Kamm
Alt-Xylophon	Handtrommel	Triangel	Stühle / Kartons
Bass-Xylophon	Schellentrommel	Ofenblech	Blechbüchsen
Blockflöte	Schellenreifen	Topfdeckel	Ventilator / Föhn

Bemerkungen:

Die kleine gereimte Geschichte vom vereinsamten, ordnungsliebenden Grafen und seiner Lebensgemeinschaft mit einem nützlichen Lindwurm bietet reichlich Anlass zur Illustration durch Klänge und Geräusche. Der Graf wird durch ein melodisches „Tulp-von-Pümpel-Motiv" dargestellt, das durch Probieren und Auswahl gefunden und mit einer einfachen Rhythmusbegleitung unterlegt werden sollte.
Dabei kann das Sopran-Glockenspiel auch die eventuell fehlende Blockflöte ersetzen.

Das Gerümpelpoltern läßt sich durch Vorschläge der Kinder beliebig verstärken.
Es wird durch aufbauende Klänge abgelöst, die auch mit fauchendem Durchatmen und zusätzlichen Aufbaugeräuschen verstärkt werden können. Diese Phase darf aber nicht übermäßig aufgebauscht werden, um den Ablauf der Handlung nicht zu überdehnen.

Die Doppelfunktion des gutartigen Lindwurms bringt technische Hilfsmittel (Föhn und Schnellheizer) zum Einsatz, erlaubt aber auch die Verwendung des bekannten Nachtwächterliedes. Das fehlende Horninstrument kann durch ein geeignetes Keyboard mit gutem Hornklang ersetzt werden; andernfalls erfreut auch eine Horn-Imitation, von einem Kammblas-Künstler auf dem Kamm geblasen.

Die beiden Schluss-Crescendi erfordern noch einmal volle Konzentration und exakte Behandlung der Instrumente und Geräuscherzeuger (ohne Föhn und Ventilator).
Das sonore „Gute Nacht!" und „Guten Morgen!" des Lindwurms wird dadurch theatralisch und würdevoll zur Geltung gebracht.

TEXT	**KLÄNGE & GERÄUSCHE**
	BFL Tulp-von-Pümpel-Motiv,
	 dazu kurze Begleitung durch (Metrum, Rhythmus, Akzente) dann jäher Abbruch!
Ein feiner Herr, Graf Tulp von Pümpel, nahm höchstpersönlich sein Grümpel und warf es vorm Schloss in den Tümpel.	einzeln tellerartig fallen lassen Stimme: glucksen, blubbern, gurksen Instrumente schonend fallen lassen
	durcheinander
	Konservendosen, Kartons, Stuhl rücken, Topfdeckel auf Ofenblech, Stuhl kippen
	AX Glissando abwärts, dann
	◯ 1 x (beides mehrfach wiederholen)
Und aus dem alten Gerümpel	BX CDEFG, danach
des feinen Grafen von Pümpel	AX CDEFG, danach
baute ein Tümpelgerümpelwurm	SG CDEFG - hohes C 1 x
sich einen Tümpelgerümpelturm.	△ abschließend 1 x leise
Auf Wunsch entwich seinem Atemschlund feurige Wärme zu jeder Stund.	Stimme: zischen, fauchen, blasen Föhn / Schnellheizgerät anschalten
Das freute den fröstelnden Grafen sehr,	schütteln
brauchte er doch kein Kaminholz mehr.	BFL Tulp-von-Pümpel-Motiv (wie oben)
Auf dem Turm hat der Lindwurm so manche Nacht das Horn geblasen und gewacht	BX Tremolo auf C, dazu einige Töne
	SX und Liedanfang „Hört, ihr Herrn ..." auf dem Kamm geblasen Föhn oder Schnellheizer aus
und fühlte sich dort sehr geborgen. Er wünschte dem tierlieben Grafen	BFL Tulp-von-Pümpel-Motiv
vor	+ BX auf C △ mehrmals leise,
und nach dem Schlafen,	dann 1 x halblaut Alle Insrumente crescendo, dann stopp!
(nach dem Crescendo) „Gute Nacht!"	nach „Gute Nacht!" tiefes Schnarchen
und	alle Instrumente wieder Crescendo, dann stopp!
(nach dem Crescendo) „Guten Morgen!"	Morgengruß, Gähnen, zuletzt 1 x

MAX UND MORITZ UND DIE WETTERHEXE

SCHWIERIGKEITSGRAD: 🕐 🕐 🕐

Weil die Wetterhexe in der Dorflinde hängengeblieben und deshalb ausgelacht worden war, bringt sie seitdem ständig Schlechtwetter über diese Gegend. Max und Moritz spielen ihr einen Streich, damit sie künftig nicht wieder kommt.

Instrumente:

Sopran-Glockenspiel	Sopran-Xylophon	Cymbeln	Guiro
Alt-Metallophon	Alt-Xylophon	Hängendes Becken	Schlüsselbund
Metallophon-Klangstab	Bass-Xylophon	Schellenreifen	Stimme/Flasche
Handtrommel	Xylophon-Klangstab	Schellenstab	Wasser/Wanne
Röhrenholztrommel	Holzblocktrommel	Klanghölzer	Hand/Fuß

Bemerkungen:

Zielperson dieses Max-und-Moritz-Streiches ist die Wetterhexe, deren „Rachedurst" die beiden ein Ende bereiten. Der „Böse-Buben-Streich" führt hier in der Sprache Wilhelm Buschs zur Befreiung einer ganzen Gegend vom ‚Schlechtwetterjoch'. Die beiden Jungen gehen dabei mit der für sie üblichen Raffinesse vor, die ihnen die Sympathien der Kinder sichert.
Die Handlung hat einen einfachen Aufbau in chronologischer Abfolge.

Das Max-und-Moritz-Motiv sollte ebenso wie Personen-Motive anderer Klang- geschichten zunächst improvisatorisch im Experiment aus verschiedenen Angeboten der Kinder ausgesucht, dann aber als feste melodische Kleinform beibehalten werden.

Die Instrumentierung ist ähnlich gehandhabt wie bei der Klanggeschichte „Ein Ge- wittersturm", soweit sie die Naturerscheinungen betrifft. Bei zahlenmäßig größeren Kindergruppen empfiehlt es sich, über die vorgeschlagene Anzahl der Instrumente hinaus Mehrfachbesetzungen für Wind- und Regengeräusche vorzunehmen, damit alle Kinder an der musikalischen Durchführung beteiligt sind.

Die Geschichte kann durch großformatige Kinderzeichnungen zusätzlich illustriert werden.

Ortfried Pörsel: Die Wetterhexe • Neue Klanggeschichten © FIDULA

TEXT	KLÄNGE & GERÄUSCHE

TEXT — KLÄNGE & GERÄUSCHE

(1)
Auf dem großen Erdenball

gibt es Wetter überall:

gutes Wetter mit viel Sonne,

schlechtes für die Regentonne.

(2)
Jeder sucht sich – grad zu Haus –

am liebsten selbst sein Wetter aus,

doch das kann zum Glück nicht sein.
Wetter kommt halt von allein.

(3)
Das stimmt fast immer, doch im Harze

wohnt 'ne Hexe mit 'ner Warze,

bringt die Wolken, Blitze, Flocken

frisch herab vom wilden Brocken

oft hinein in jene Zonen,

darin Max und Moritz wohnen.

Klänge & Geräusche (rechte Spalte):

- ○ — Fingerkuppen auf Trommelfell kreisen lassen
- Stimme: in offene Flasche pusten
- △ — gelegentlich akzentuiert
- ○ — Tremolo unterschiedlich laut
- Hand: Fingerkuppen auf Holz
- ○ — Grollen, fortlaufend (Lammfell- oder Filzschlägel)
- ⌽ — akzentuiert schütteln
- AX + BX — leise wie Hintergrund über mehrere Stäbe „wischen"
- ○ — leise wie Hintergrund
- dazu wieder Regengeräusche wie oben
- C — einige Schläge
- △ — einige Male akzentuiert
- SX — unregelmäßiges Glissando
- AX — Glissandi abwärts
- BX — Glissandi abwärts
- SX — Max-und-Moritz-Motiv
- AX —
- ○ — Donnergrollen zum Regengeräusch wie oben
- ○ — wie oben

(4)

Hier im Dorf hat sie vor Jahren

sich mit dem Besen festgefahren,

wurde von dem Dorfgesinde

ausgelacht hoch in der Linde.

(5)

Rauscht ein Wetter bös herunter,

wird die Wetterhexe munter,

freut sich, wenn die Wasser fließen,

kann ihre Rache süß genießen.

(6)

Hämisch kommt sie angelaufen,

um beim Krämer einzukaufen,

sieht die Leute pudelnass.

Ach, wie freut die Hexe das!

(7)

Max und Moritz, diese beiden,

mögen sie darum nicht leiden,

haben längst und unverdrossen

heimlich einen Plan beschlossen,

Stimme: Fluggeräusch

 einige Male akzentuiert

Stimme: hämisches Lachen

 Tremolo, akzentuiert,
dann Fingerkuppen auf
Trommelfell und Holz
Wirbel als Donnergrollen

weiter fortsetzen

Stimme: in leere Flasche pusten

 gelegentlich, akzentuiert

Wasser in Wanne gießen

Stimme: genüßliches Kichern

Regengeräusche fortsetzen

 mäßiges Tempo

 akzentuierter Wirbel als
Donnergrollen

Stimme: kichern, lachen

hüpfen,
mit dem Fuß stampfen

 Max-und Moritz-Motiv,
danach instrumentales
„Zwiegespräch"

mit dem Fuß kurz stampfen

 1 x kurz und energisch

Max-und-Moritz-Motiv

(8)
vorsorglich bereits vor Tagen

alle Besen weggetragen,

tief im Keller abgestellt,

unsichtbar für alle Welt.

(9)
Die Hexe will zum Krämer gehn,

lässt außen ihren Besen stehn.

Ruckzuck, sind Max und Moritz da.

Ritzeratz und olala!

(10)
Beide sägen voller Tücke

den Besen rasch in kleine Stücke,

huschen schnell in ein Versteck,

lauern schadenfroh ums Eck.

(11)
Als die Hexe kommt heraus,

packt sie kalter Hexengraus,

sieht die Stücke hilflos liegen,

kann nicht mehr nach Hause fliegen.

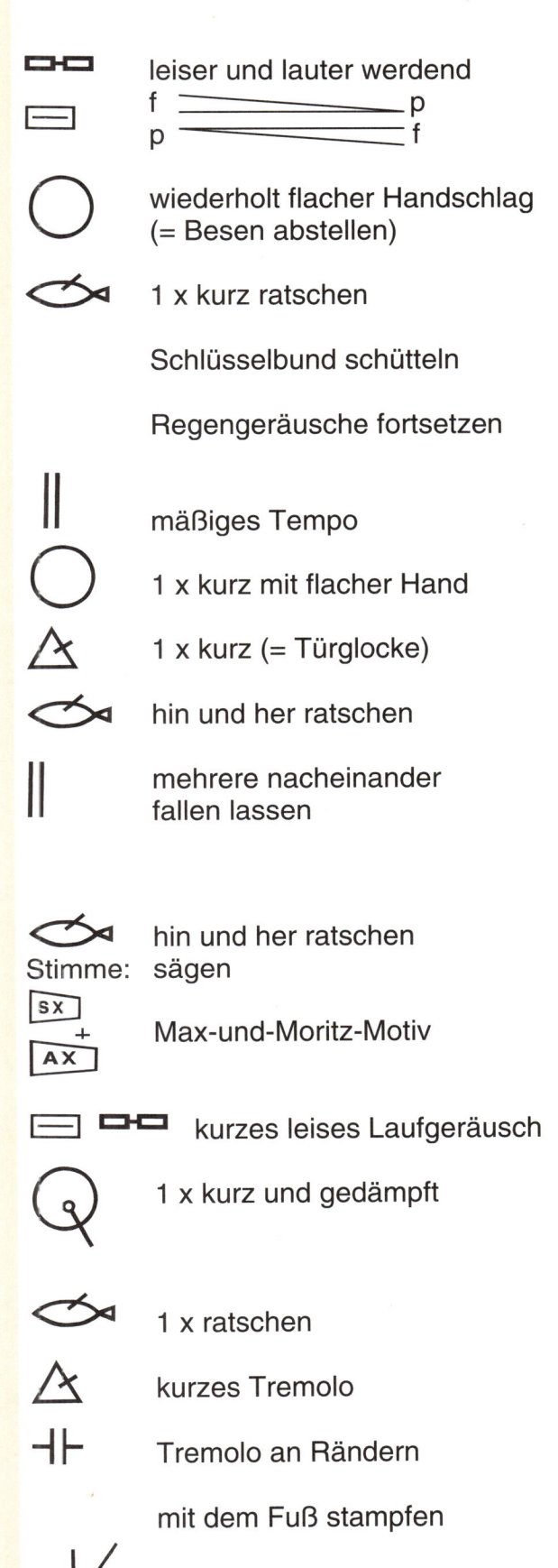

leiser und lauter werdend

f ⟶ p
p ⟶ f

wiederholt flacher Handschlag
(= Besen abstellen)

1 x kurz ratschen

Schlüsselbund schütteln

Regengeräusche fortsetzen

mäßiges Tempo

1 x kurz mit flacher Hand

1 x kurz (= Türglocke)

hin und her ratschen

mehrere nacheinander
fallen lassen

hin und her ratschen
Stimme: sägen

Max-und-Moritz-Motiv

kurzes leises Laufgeräusch

1 x kurz und gedämpft

1 x ratschen

kurzes Tremolo

Tremolo an Rändern

mit dem Fuß stampfen

1 halblauter Schlag

(12)
Muss bei Wind und Wetter laufen,

kann auch keinen Besen kaufen,

findet keinen weit und breit,

und der Heimweg kostet Zeit.

(13)
Max und Moritz freu'n sich sehr,

denn die Hexe kam nicht mehr,

konnten schönes Wetter haben,

badeten im Mühlengraben.

(14)
Witwe Bolte, Onkel Fritze

mit der spitzen Zipfelmütze,

Meister Müller, Spitz und Co

freu'n sich alle ebenso.

(15)
Lehrer Lämpel steht und lacht:

„Die haben's diesmal gut gemacht!"

Stimme: Windgeräusch,
in leere Flasche pusten

‖ mäßig – rasch – mäßig

◯ Fingerkuppen auf Trommelfell
und Holz

SG / AM — allmählich leiser werdend
und in Schönwetterklänge
übergehend (improvisieren)

SX / AX — Max-und-Moritz-Motiv,
danach frei improvisieren

SG / AM — frei improvisieren bis Ende

△ gelegentlich

Wasserplätschern
Wasser in Wanne

△ pro Name 1 x anschlagen

◯ leise schütteln

△ wie oben

BX Glissando als leises
Donnergrollen von ferne

SX / AX — Max-und-Moritz-Motiv

1 verhaltener Schlag,
ausklingen lassen

Glockenläuten!

Amadeus Rucker

Schwierigkeitsgrad:

Ein Mann mit Namen Amadeus Rucker trinkt den Kaffee ohne Zucker.
Diese Entscheidung wird kommentiert.

Instrumente:

Sopran-Glockenspiel	Klanghölzer	Cymbeln	Blechgefäß
Alt-Xylophon	Handtrommel	Schnarre	Teller und Tasse
Guiro	Lammfellschlägel	Pauke	Löffel
Triangel	Xylophon-Klangstab	Gießkanne	Stimme

Bemerkungen:

In der Regel mögen Kinder Süßigkeiten jeder Art. Ihnen ist bekannt, dass Zucker die Süße in Bonbons, Schokolade und Lollis erzeugt. Dass es Erwachsene gibt, die Zucker im Kaffee ablehnen, weil er ihrem Geschmack nicht entspricht, ist Kindern unverständlich. Für sie erscheint Kaffee ohne Zucker bitter und scheinbar ungenießbar. Deshalb lehnen sie Amadeus Ruckers Entscheidung gegen den Zucker ab und tun dies verbal kund.

In dem humoresken Kurztext wird darüber hinaus der Vergleich zu „Kaffee mit Salz" gezogen und Herrn Ruckers Entscheidung gegen den Zucker im Kaffee als die bessere Lösung angepriesen.

Im musikalischen Ablauf dieses Klangspiels stellt das Sopran-Glockenspiel das selbst erfundene kurze Amadeus-Motiv in einem Mini-Vorspiel vor. Alle anderen Instrumente werden als Effektinstrumente eingesetzt, um Spannung oder Ablehnung auszudrücken. Außer dem Sopran-Glockenspiel tritt jedes Instrument nur ein- oder zweimal auf, was den Einsatz erleichtert.

Um den Kindern beim Einüben eine optische Hilfe für die instrumentale Reihenfolge und den Zeitpunkt des Einsatzes zu geben, könnten die Instrumentalsymbole der Reihe nach an die Tafel oder auf einen großen Papierstreifen gezeichnet werden.

TEXT	KLÄNGE & GERÄUSCHE
	Vorspiel: Klappern von Geschirr
	[SG] Amadeus-Motiv, am Schluss:
	🐟 3 x
Amadeus Rucker	Amadeus-Motiv angespielt
mag keinen Zucker!	Alle: „Keinen Zucker?"
K e i n e n Zucker!	🐟 1 x
Was tut er da?	Wasser in Blechgefäß gießen
Na?	△ 1 x
	‖ 2 x
Da trinkt der Herr Rucker	[SG] Amadeus-Motiv, Klappern von Kaffeegeschirr und Zuckerlöffel
den Kaffee o h n e Zucker!	Einige: „Igittigitt!"
Das ist jedenfalls	⊙ anschließend 4 Schläge
noch besser als	Wirbel, lauter werdend
	wie oben!
Kaffee mit ....Salz!	1 lauter Schlag CDE hin und her wischen schnell hin und her wischen, fortsetzen bis Schluss gerufen: „Bäääh! – Igittigitt! Dann lieber gleich Kamillentee! Mit Honig und Eierschnee!"
	[AX]
	[SG] Amadeus-Motiv Ruf: „Aber Herr Rucker!"
	1 x „Ohne Zucker? Mit Salz?"
	┼ 1 x 1 x
	Stimme: „Bäääh!"

Ortfried Pörsel: Die Wetterhexe • Neue Klanggeschichten © FIDULA

WENN DOCH HEUT SCHON OSTERN WÄR'!

SCHWIERIGKEITSGRAD: ⏰ ⏰

Während der Ostervorbereitungen erhält der Osterhase die Nachricht,
dass Kinder süße Ostereier bevorzugen.
Die Osterhasenfamilie stellt daraufhin die Produktion um.

Instrumente und Geräuscherzeuger:

Sopran-Glockenspiel	Klanghölzer	Guiro	Kartons
Sopran-Xylophon	Triangel	Glas mit Trinkhalm	Töpfe / Schüssel
Alt-Xylophon	Cymbeln	Föhn	Eimer
Bass-Xylophon	Hängendes Becken	Alufolie	Konservendosen
Handtrommel	Gitarre/Gummiband	Tastatur	Stimme

Bemerkungen:

Bei der Planung dieses Vorhabens ist es günstig, geeignete Kinder für die Rolle des Sprechers/der Sprecherin, des Anrufers, des Osterhasen vorzusehen, da bei diesem Klangspiel außerdem auch gut geeignete Akteure (Osterhasenfamilie) gebraucht werden. Nicht zuletzt erfordert die Geräuscherzeugung im zweiten Teil der Handlung ebenfalls gutes Einfühlungsvermögen und genaue Einsätze der Aktionen. Ziel ist eine harmonische Einheit aller Einzelbeiträge. Jedes Kind sollte beteiligt werden.

Für das Einüben dieses Klangspiels sind drei Gruppen erforderlich:
eine Sprechergruppe, eine Spielgruppe und eine Musiziergruppe.
- Das Klangspiel kann zunächst gruppenweise getrennt geübt werden. Zum geeigneten Zeitpunkt kommen alle Gruppen zusammen.
- Der Text wird eingeübt und dann mit Klängen bzw. Geräuschen versehen. Anschließend erfolgt die szenische Gestaltung.
- Der vorgegebene Text wird szenisch erarbeitet und danach instrumental bereichert.

Der Erwachsene sollte selbst entscheiden, welches Vorgehen ihm am günstigsten für seine Verhältnisse erscheint.
Für Vorschläge der Kinder zur weiteren Ausgestaltung bleibt viel Gelegenheit.

TEXT	KLÄNGE & GERÄUSCHE

TEXT

Osterhasenfamilie beim Bemalen der Eier. Osterhasenkind „Jan" gähnt, bummelt beim Helfen.

Sprecher/-in:
Für die Firma „Muck + Meier"
malt der Osterhase Eier.
Hühnereier malt er an,
kunterbunt, so gut er kann.

Plötzlich schrillt das Telefon:

Osterhase geht zum Telefon und nimmt den Hörer ab.

Anrufer/-in:
Osterhase, weißt du schon?
Unsre Firma „Muck + Meier"
braucht ganz andre Ostereier!

Besser könntest du uns dienen
mit den großen, voll Pralinen.
Nougat, Marzipan und Creme
sind für Kinder angenehm.

Auch die süßen, ganz aus Zucker
für die kleinen Eierschlucker
und die harten aus Krokant
sind für Kinder interessant.

Sprecher/-in:
Osterhase rauft die Haare.

Osterhase:
Mutter! Kinder! Falsche Ware!

Stellt die Farben schnell beiseite,
denn sonst sind wir morgen pleite!

Alle räumen die Eier und Farben weg.

KLÄNGE & GERÄUSCHE

Einstimmung:

Lied: „Has, Has, Osterhas..."

Begleitung:

| | Viertel Halbe

Pinsel in kleiner Konserven-
büchse (mit Wasser)
schütteln und abstreifen

mit Pinsel oder Jazzbesen
auf Trommelfell kreisen

Tremolo im oberen Eck

im Schritttempo
oder Finger auf Tischplatte

1 x (nach „...Ostereier!")

Stimme: „Hm! ... Lecker!"

SG improvisieren

1 Schlag, ausklingen lassen

GIT Gummiband zupfen oder:
mehrere Saiten gleichzeitig

1 x halblaut, dann mit
Schlägelstiel am Beckenrand

aneinander reiben
mehrfach laut in die Hände
klatschen
Büchsen und Töpfe abstellen,
Pinsel leere Dosen stecken
usw.

Ortfried Pörsel: Die Wetterhexe • Neue Klanggeschichten © FIDULA

Sprecher/-in:
Ja, da solltet ihr mal sehen,
wie sie kommen, wie sie gehen!
Alle fassen sie mit an,
selbst der sonst so faule Jan.

Wieselflink und unverdrossen
werden Formen vollgegossen.

mit Messbecher Halbformen vollgießen

Schokolade fließt hinein
für die Eier groß und klein.

Aus den halben, dideldeier,
werden ganze Ostereier,
alle lecker vollgefüllt
mit Alufolie umhüllt.

*Osterhase trägt in die Liste ein. Alle
anderen packen die Kartons und stapeln
sie.*

Sprecher/-in:
Eingetragen in die Listen,

gut verpackt in lauter Kisten,

sind zehntausend Ostereier
morgen schon bei „Muck + Meier".

Soviel Eier in Regalen,
keinen Euro zum Bezahlen,
das fällt allen Kindern schwer.
Alle:
Wenn doch heut schon Ostern wär'!

 mit Fingern anschlagen
Alle durcheinander!

 leiser und lauter werdend

 erst langsam, dann schnell

Blubbern: durch Trinkhalm in Wasser
pusten / Wasser in Schüssel gießen /
rhythmisches Gießen (Wasserhahn) /
Ventilator zum „Abkühlen"

 eine Kette langsam drehen

 beide
Glissando von oben

zwei große Geschenkei-Hälften halbblau
gegeneinander / Kugeln in Beutel /
Alufolie reißen u. knüllen /Schreibgeräusch
(Stab auf Alufolie) / Tippen auf Tastatur

 leiser werden - lauter werden

beide: - - -   mehrfach
     - - -

Kartons vorsichtig auf Fußboden
setzen

 mehrere Glissandi aufwärts,
danach jeweils

 1 x Flachhandschlag
anschließend jeweils

 1 x ratschen (Strichliste)

Stimme: Motorgeräusch
(starten und beschleunigen)
 dazu ratschen

Stimme: seufzen
            Münze auf Teller fallen lassen
Stimme: seufzen

            mit bedauernder Geste

Schluss: „Has, Has, Osterhas..." (wie
            oben)

Ortfried Pörsel: Die Wetterhexe • Neue Klanggeschichten © FIDULA   97

UND DAS GRAB WAR LEER

SCHWIERIGKEITSGRAD: 🕰 🕰 🕰

Das neutestamentarische Geschehen am Ostermorgen

Instrumente:

Sopran-Glockenspiel	Xylophon-Klangstab	kleines Triangel	Guiro
Alt-Metallophon	Handtrommel	großes Triangel	Hängendes Becken
Alt-Xylophon	Pauke	Klanghölzer	Schlüsselbund

Bemerkungen:

Mitwirkende:	Maria	Petrus
	Maria Magdalena	Johannes
	Johanna	ein Engel

Für die Erarbeitung empfiehlt sich zuerst die Einführung des Textes und das Lesen mit verteilten Rollen, wobei der Part des Sprechers/der Sprecherin zunächst von einem Erwachsenen übernommen werden sollte. Daraus ergäbe sich die Möglichkeit einer szenischen Darstellung mit sparsamen Mitteln. Wenn dies sicher abläuft, kann die vorher getrennt erarbeitete Klangform hinzukommen.

Diese Klanggeschichte eignet sich als Projektvorhaben, fächerübergreifend im Religions- und Musikunterricht, aber auch für eine Verwendung im Ostergottesdienst.

Der Gesamteindruck dieser Klanggeschichte hängt sehr von gleitenden Übergängen der Klänge ab, die zur Einheit des Rollenspiels in einem ausgewogenen Verhältnis stehen müssen. Sprache und Klänge sollten eine Einheit bilden.

Die Improvisationen des Sopranglockenspiels sind zunächst als improvisatorische Klanggebilde gedacht, werden aber während der Einübungsphase zu einer mehr oder weniger „festen Form" finden. Die Auswahl einer geeigneten Spielerin/eines geeigneten Spielers kann sehr zur optimalen Gesamtwirkung beitragen.

TEXT	KLÄNGE & GERÄUSCHE

TEXT

Sprecher:
Am ersten Tag der Woche trafen sich
Maria, Maria Magdalena und Johanna.

Maria Magdalena:
Ich wünschte, er wäre noch bei uns!

Johanna:
Ich bin so traurig.

Maria:
Ich habe feine Salben.
Lasst uns zum Grab gehen!

Maria Magdalena:
Ja, kommt!

Sprecher:
Sie liefen zum Grab. Als sie näher kamen
merkten sie, dass der Stein beiseite
gewälzt war.
Zögernd schauten sie hinein. Da sahen
sie plötzlich einen Engel vor sich und
erschraken.

Die drei Frauen:
Ein Engel!

Engel:
Fürchtet euch nicht!
Jesus ist nicht hier.
Er ist auferstanden, wie er gesagt hat.

Sprecher:
Sie zitterten und fürchteten sich vor ihm.
Er aber befahl ihnen:

Engel:
Geht hin und sagt es seinen Jüngern!

KLÄNGE & GERÄUSCHE

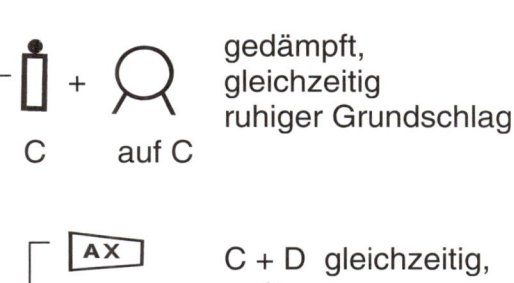

C + auf C — gedämpft, gleichzeitig ruhiger Grundschlag

AX — C + D gleichzeitig, weiter

AX — dazu improvisieren (ohne F und H), auf C endend

‖ — 1 Schlag, dann gleichmäßig weiter

verzögert

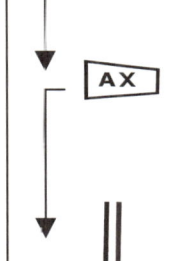

am Schluss 1 x leise

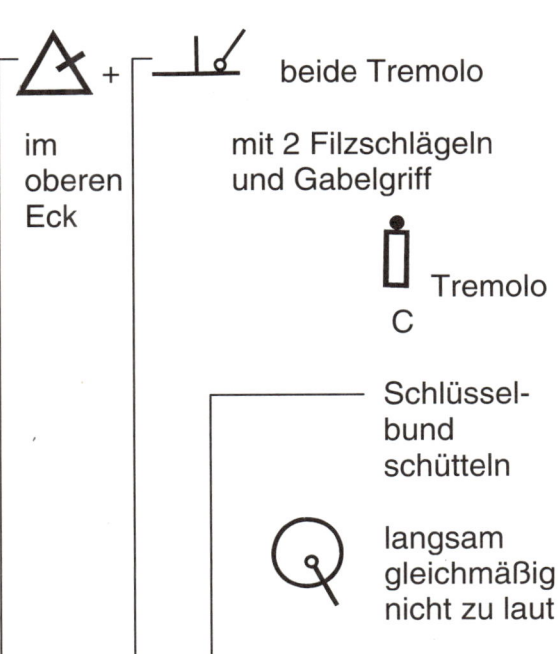

im oberen Eck + beide Tremolo

mit 2 Filzschlägeln und Gabelgriff

C — Tremolo

Schlüssel-bund schütteln

langsam gleichmäßig nicht zu laut

weiter

Sprecher:
Da kehrten sie eilig um und liefen den Weg zurück, den sie gekommen waren. Petrus und Johannes kamen ihnen entgegen.

Petrus:
Warum hetzt ihr so?

Johannes:
Ihr zittert ja und seid ganz blass!

Maria Magdalena:
Wir waren beim Grab. Jemand hat den Stein weggewälzt! Das Grab ist leer!

Maria:
Innen stand ein Engel!

Petrus:
Ein Engel?

Maria:
Ja, ein Engel! Er sagte:

Die drei Frauen:
Fürchtet euch nicht!

Maria Magdalena:
Jesus ist nicht hier.
Er ist auferstanden.

Johanna:
Wie er gesagt hat.
Und wir sollen zu euch gehen und euch davon erzählen.

Johannes:
Auferstanden, hat er gesagt?

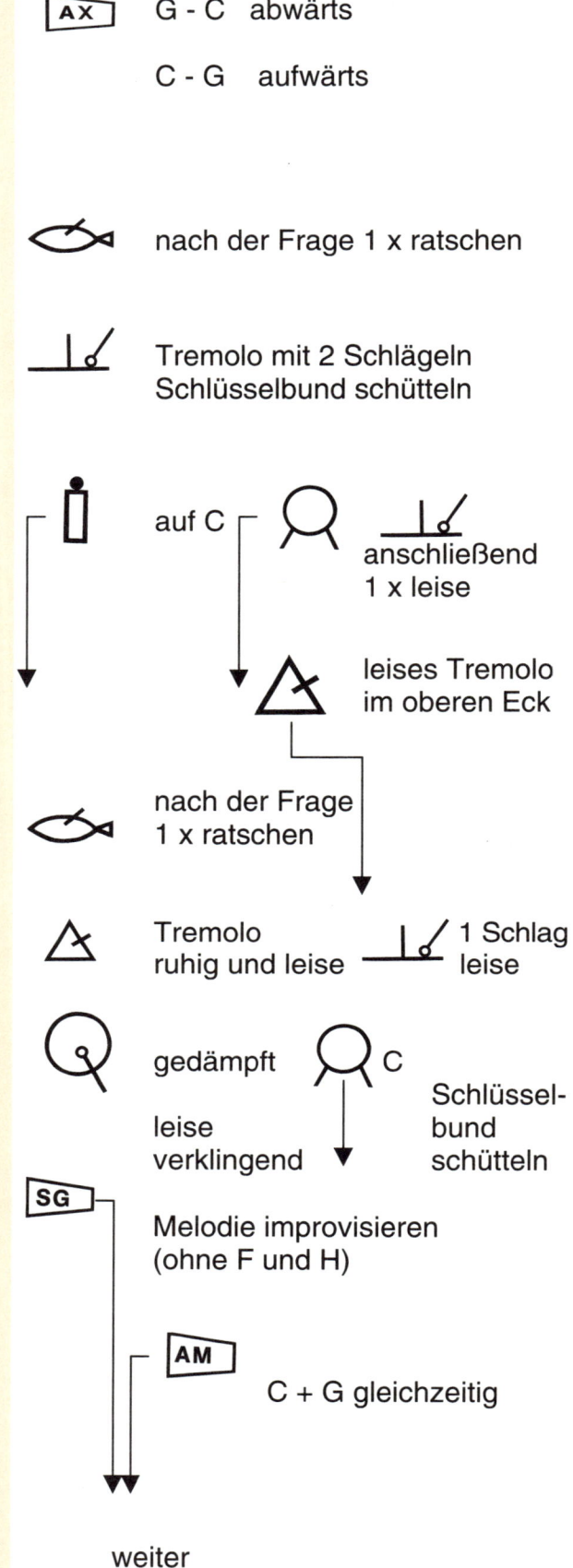

AX   G - C   abwärts

C - G   aufwärts

nach der Frage 1 x ratschen

Tremolo mit 2 Schlägeln
Schlüsselbund schütteln

auf C   anschließend
1 x leise

leises Tremolo
im oberen Eck

nach der Frage
1 x ratschen

Tremolo ruhig und leise   1 Schlag leise

gedämpft   C   Schlüsselbund schütteln

leise verklingend

SG   Melodie improvisieren (ohne F und H)

AM   C + G gleichzeitig

weiter

Ortfried Pörsel: Die Wetterhexe • Neue Klanggeschichten © FIDULA

Maria:
Ja, auferstanden.

Maria Magdalena:
Das Grab war leer. Nur das Schweißtuch lag noch darin.

Petrus:
Das will ich sehen!

Johannes:
Ich hole Jakobus, Andreas und die anderen.
geht weg

Petrus: *ruft ihm nach*
Mach schnell! Ich kann nicht warten!
Sie sollen nachkommen!
Alle ab

Sprecher:
Sie alle eilten hin und sahen es mit eigenen Augen:
Das Grab war leer.
Jesus war auferstanden.

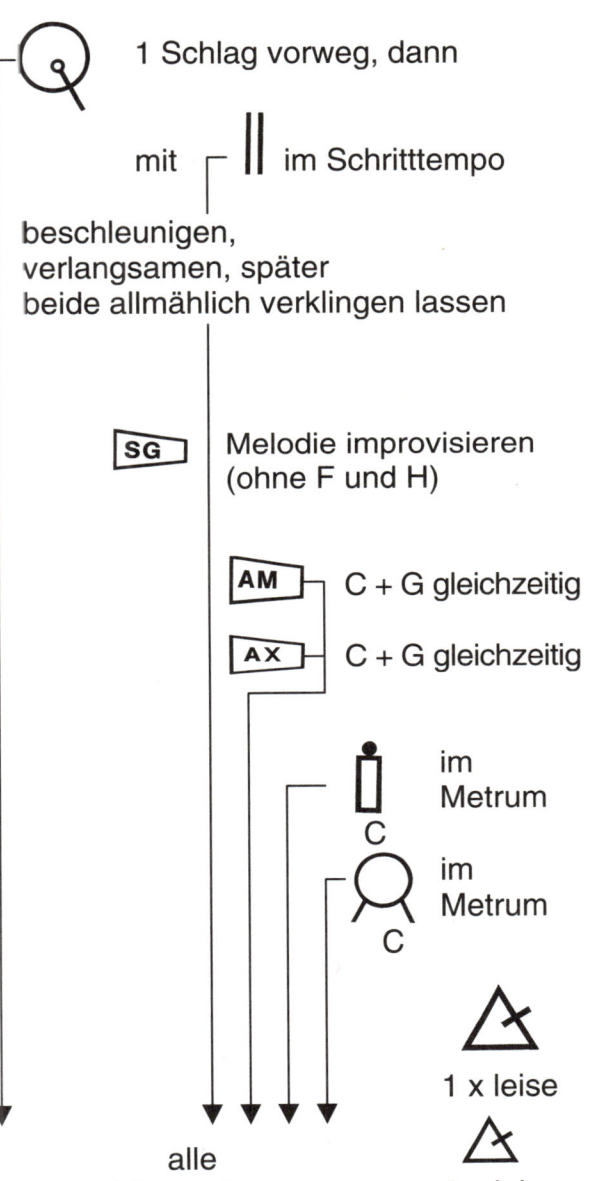

leise Schläge, verklingend

nach der Frage 1 x ratschen

1 Schlag vorweg, dann

mit ‖ im Schritttempo

beschleunigen, verlangsamen, später beide allmählich verklingen lassen

SG Melodie improvisieren (ohne F und H)

AM C + G gleichzeitig

AX C + G gleichzeitig

im Metrum

im Metrum

1 x leise

1 x leise

alle verklingen lassen

Sankt Martin

Schwierigkeitsgrad: ⏰ ⏰

In der Nähe der Stadt Tours beschenkt Sankt Martin der Legende nach einen frierenden Bettler mit der Hälfte seines Mantels. Im Traum dankt ihm dieser und verweist auf den tieferen Sinn der Begebenheit als göttliche Probe für Martin.

Instrumente:

Sopran-Glockenspiel	Bass-Xylophon	Triangeln	Stimme
Alt-Glockenspiel	Xylophon-Klangstab	Fingercymbeln	faustgroße Steine
Alt-Metallophon	Klanghölzer	Handtrommel	Lammfellschlägel

Bemerkungen:

Der Text dieser Klanggeschichte lehnt sich inhaltlich eng an die bekannte Martins-legende an. Er gibt die Handlung in einfacher Sprache mit gliedernden Abschnitten wieder. Diesen Handlungsschritten entsprechen illustrierende klangliche Einheiten. Von daher bietet sich eine abschnittsweise klangliche Umsetzung an. Übergeordnet ergeben sich die Teile RITT – BEGEGNUNG – TRAUM.

Folgende Instrumente werden verwendet für

Nacht	Xylophon-Klangstab, Bass-Xylophon, Handtrommel
Sterne	verschiedene Triangeln oder Fingercymbeln
Weg	Alt-Metallophon
Kälte	faustgroße Steine
Hufschlag	Klanghölzer
Schwert	Alt-Glockenspiel
Schnitt	Sopran-Glockenspiel
Traum	Alt-Metallophon, besser: Sopran-Metallophon (falls vorhanden)
Licht	Triangel, Sopran-Glockenspiel

Die Rolle des Sprechers & der Sprecherin verlangt gute Übersicht über den Fortgang der Klangeschichte bei gleichzeitiger regieartiger Phrasierung und sollte einem dafür besonders geeigneten Kind oder dem Erwachsenen vorbehalten bleiben.

TEXT	KLÄNGE & GERÄUSCHE

TEXT

Es ist Nacht.

Dunkel ringsum.

Der Wind weht kalt

über den langen, weiten Weg.

Schneeflocken schweben herab.

Sie breiten eine weiße Decke

über dem Land aus.

Am Weg,

nahe der Stadt,

sitzt ein Bettler.

Er friert vor Kälte,

reibt sich die steifen Hände.

Unterdessen kommt ein einsamer Reiter

im Schneetreiben den Weg entlangge-

ritten. Es ist Martin.

Er will vor der langen, eisigen Nacht

noch die schützende Stadt erreichen.

Plötzlich sieht er nahe dem Stadttor

den frierenden Bettler am Wege sitzen.

Er zieht die Zügel an. Sein Pferd bleibt

neben dem Bettler stehen.

KLÄNGE & GERÄUSCHE

   Tremolo einzeln oder gemeinsam

Ton C

Mundgeräusch „Wind"

 Ton C mehrmals, verklingend

 leise improvisierend

gelegentlich Einzeltöne oder Fingercymbeln

vom tiefen C nach oben schweifend

C+D mit D+E mehrmals gleichzeitig wechselnd

Steine aneinander reiben

CDE gegenläufig   EDC gegenläufig

wie Hufschlag, auch Finger auf Holz

Einzeltöne verklingend

Steine aneinander reiben dazu: gelegentlich leise

weiter wie oben

1 x „wischen"

Hufschlag, verzögernd, auch Finger auf Holz

„Helft mir", stammelt der Bettler.

„Ich erfriere sonst in dieser Kälte!

Weiß nicht, wie ich die Nacht überstehen

soll."

 Tremolo leise

 Steine aneinander reiben

Tremolo leise auf C

Martin überlegt nicht erst.

Er nimmt seinen Mantel ab,

zieht sein Schwert aus der Scheide

und trennt den Mantel –

ritsch! – in zwei Teile.

 auf Stäben „Schlaufe" drehen

  1 x wischen

1 x wischen

Die eine Hälfte gibt er dem Bettler,

die andere wirft er sich über die Schulter

und reitet weiter.

 1 x (Übergabe des Mantels)

 auf Stäben „Schlaufe" drehen

 Hufschlag oder Finger auf Holz

Der Bettler will sich bedanken,

aber Martin ist schon davon.

Lange schaut der Bettler ihm nach.

Dann hüllt er sich in die Mantelhälfte.

  1 x wischen

CDE CDEFG EFGAH – C
Töne rasch nacheinander, dann
auf Stäben „Schlaufe" drehen

Martin liegt im Schlaf.

Er träumt.

Da erscheint ihm der Bettler

in strahlendem Licht.

Er sagt zu Martin:

„Hab Dank für deine Hilfe.
Du hast deine Probe bestanden."

 C lange Töne

 Tremolo

 auf C Tremolo

 improvisierend

 einzeln
oder
gemeinsam

 C

DER NIKOLAUS KOMMT

SCHWIERIGKEITSGRAD: 🕰

Wartende Kinder rufen nach dem Nikolaus. Als er antwortet, laufen sie in ein Versteck. Der Nikolaus lässt sie länger warten, weil sie ungeduldig waren

Instrumente:

Alt-Glockenspiel	Xylophonstab	kleines Triangel	Klanghölzer
Alt-Metallophon	Handtrommel	großes Triangel	Stimme

Bemerkungen:

Nach kurzer Einführung des Textes kann das Einüben der Spielform mit verteilten Rollen folgen. Dabei ist es zweckmäßig, wenn der Erwachsene zunächst die Rolle des Sprechers übernimmt, bis die ganze Spielform eingeübt ist. Später sollte ein Kind diese Aufgabe übernehmen. Weitere Rollen werden mit Nikolaus und den wartenden Kindern besetzt, wobei die Anzahl der Kinder variabel ist.

Für die Erarbeitung der Spielform werden relativ wenige Instrumente gebraucht, was den Schwierigkeitsgrad niedrig hält.
Xylophonstab, Handtrommel und Triangeln sollen ab erstem Einsatz fortlaufend klingen bis einschließlich fünfter Strophe. Der Nikolausruf „Niko-, Tschiko-, Pikolaus!" wird entweder nur gerufen oder in Leiermelodik zum Alt-Glockenspiel gesungen, mit oder ohne Bordunbegleitung des Alt-Metallophons. Die Instrumente können nach Bedarf durch klangähnliche ergänzt oder ersetzt werden.

Dieses Klangspiel eignet sich gut als kleines Spiel im Gruppen- oder Klassenraum.

TEXT	KLÄNGE & GERÄUSCHE

	C Tremolo im Schritt-tempo

Der Nikolaus hat wenig Zeit.
Er muß sich beeilen. Sein Weg ist weit.

beide leise,
aber nicht synchron

„Wir rufen ihn mal! Dann kommt er bald
über Wiesen und Felder, durch den Wald.

gesprochen

Niko-, Tschiko-, Pikolaus!
Bist du etwa noch zu Haus?"

wartende Kinder rufen mit
Händen als Schalltrichter
am Mund (Leiermelodie
auf Töne G – A – E)

AG Töne G-A-E	AM lange Töne: C und G gleichzeitig

„Ihr könnt wohl nicht warten?
Ich komme ja bald.
Der Weg ist so holperig hier im Wald."

gesprochen

beide wie oben,
endend

Da laufen die Kinder ganz schnell weg!
Ins Haus hinein! In ein Versteck!

schnell   am Schluss 2 Schläge

Der Nikolaus murmelt in seinen Bart:
„Euch lass' ich warten,
weil ihr ungeduldig wart."

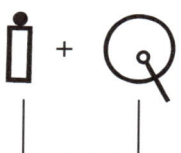

beide wie oben
dazu gesprochen

Es wird sehr spät. Die Kinder sind müd.
Sie singen schläfrig das Nikolauslied:

„Lasst uns froh und munter sein . . ."
Dann ist es still. Sie schlafen ein.

AG Anfang Melodie	schläfrig gesungen

tief atmen, evtl. schnarchen

Sie träumen vom Nikolaus in der Nacht.
Ganz spät hat er auch ihnen
was Schönes gebracht.

AM ohne F und H frei improvisierend	

DAS PFEFFERKUCHENPAAR

SCHWIERIGKEITSGRAD: ⏰ ⏰ ⏰

Am Tannenbaum erlebt ein Pfefferkuchenpaar sein erstes Weihnachten.

Weil Sabine es so niedlich findet, bewahrt sie es auf und verwendet es Jahr für

Jahr als Christbaumschmuck.

Instrumente und Geräuscherzeuger:

Sopran-Glockenspiel	Handtrommel	Schnarre	Blockflöte
Alt-Metallophon	Schellenreifen	Holzblocktrommel	Stimme
Sopran-Xylophon	Triangel	Röhrenholztrommel	Teigrolle
Alt-Xylophon	Guiro	Glockenkranz	Holzbrett

Bemerkungen:

Diese Geschichte beschreibt das „Leben" eines Pfefferkuchenpaares in kleinen Einzelheiten, die locker aneinandergereiht und mit Klängen und Geräuschen untermalt werden. Die Hauptpersonen „Pfefferkuchenmann" und „Pfefferkuchenfrau" erhalten zwei frei erfundene Motive, deren ausgewählte Vorschläge als feste Formen beibehalten werden. Über Signalwörter ergibt sich ein knappes Handlungsgerüst mit klanglichen Entsprechungen. Sie werden von Anfang bis Schluss durch die Melodie oder Melodieteile des Liedes „O Tannenbaum..." und des bekannten Weihnachtsliedes „Alle Jahre wieder..." verbunden. Selbstverständlich können auch andere Weihnachtslieder verwendet werden, nur sollte man dabei von Liedern mit gewichtigem Text absehen. Der Liedtext müsste direkten Bezug zur Handlung haben. Wichtig ist, dass der Fortgang der Geschichte als Einheit erhalten bleibt und mit den Klängen eine Symbiose eingeht.

Besonderer Übung bedürfen die Übergänge von der freien Improvisation zur Liedmelodie und umgekehrt. Die Liedmelodien sind einem Melodie-Instrument (Blockflöte oder Sopran-Glockenspiel) übertragen und werden vom Alt-Metallophon (Stufentöne) bzw. Rhythmusinstrumenten (Triangel und Holztrommeln) begleitet.
Einleitung und Ausklang dieser kleinen Geschichte sollten von allen Kindern mitgesungen, mitgeklatscht und zusätzlich durch geeignete Rhythmusinstrumente aktiv unterstützt werden.

TEXT	KLÄNGE & GERÄUSCHE

TEXT

(1)

In der Zeit vor **Weihnachten** waren
einmal ein Pfefferkuchenmann und eine
Pfefferkuchenfrau gebacken worden.
Der **Pfefferkuchenmann** hatte einen
braunen Anzug an, braune Schuhe an
den Füßen und einen braunen Hut auf
dem Kopf.
Die **Pfefferkuchenfrau** trug einen langen
Pfefferkuchenrock, eine warme Jacke
und am Arm hielt sie einen
Pfefferkucheneinkaufskorb.
Aus dem schauten eine **Puppe**
und ein frecher **Kasper** heraus.

Mit den weißen **Zuckerknöpfen** und den
Zuckertaschen sahen beide, der Pfefferkuchenmann und die Pfefferkuchenfrau,
sehr hübsch aus, und weil sie nicht groß
waren, **hingen** sie an einem Zweig des
Weihnachtsbaumes, wo sie bequem
baumeln konnten.

(2)

Als die **Kerzen** brannten und es am
Baum so warm und gemütlich wurde,
drehten sie sich, als wollten sie **tanzen**.
„Schau mal, Mutti", rief Sabine. „Die
beiden tanzen! Sieht das nicht **lustig**
aus?"
„Ja", antwortete ihre Mutti, „es sieht
gerade so aus, als ob sie sich **freuten**
und miteinander tanzten."
Die Pfefferkuchenfrau guckte sich die
Zuckerkringel und
die **Schokoladenglöckchen** am
Nachbarzweig an.
„Ist das nicht alles **wunderschön**?"
flüsterte sie. „Mein lieber Pfefferkuchenmann, freust du dich auch?"

(3)

In diesem Augenblick nahm Sabine
gerade ein **Schokoladenglöckchen** vom
Zweig, zog die **Folie ab** und **schwupp** –
war es in ihrem **Mund verschwunden**.
„Um Himmels willen!" rief der Pfeffer-
kuchenmann. „Bei solch einem
Naschkind muss man ja **Angst** um sein
Leben haben.

KLÄNGE & GERÄUSCHE

Lied „O Tannenbaum..."
Teig kneten auf Holzbrett
Teig rollen mit Teigrolle
Teig ausstechen

Motiv improvisieren

Motiv improvisieren

Motiv improvisieren
tief und hoch 1 x

Fingerkuppen kreisen
Fingerkuppen ratschen

Glissando hin und her

Glissando hin und her

gelegentlich

Motiv wie oben, dann
Drehfiguren synchron mit
Übergang in Lied oben

zum Liedmetrum

zwei Fingerkuppen kreisen
kurz läuten

Liedanfang leise

Liedanfang „O Tannenbaum",
dann weiter summen

kurz läuten
1 x ratschen

Fingerkuppen kurz kreisen,
dann 1 x flache Hand

an den Rändern 1 x
vibrieren   leise

Ortfried Pörsel: Die Wetterhexe • Neue Klanggeschichten © FIDULA

Pass auf! Gleich sind wir dran!"
Aber wie **staunten** beide, als Sabine sie
vorsichtig mit dem Finger
antippte und sagte:
„Ihr seid lieb. Euch esse ich nicht auf."
Da wurde ihnen noch wärmer ums
Pfefferkuchenherz und sie **tanzten** vor
Freude.

 schütteln zu den Cymbeln

 2 x tippen

 Motive wie oben, nacheinander, dann Übergang in Lied, dazu Stufenbegleitung

(4)
Als der Weihnachtsbaum **abgeschmückt**
wurde, stellte Sabine das Pfefferkuchenpaar in ihr **Wandregal**. Von dort durften
die beiden zuschauen, was Sabine in
ihrem Zimmer spielte. Und wenn Sabine
nachts schlief, schliefen sie auch.

 3 x hoch – 1 x tief (mehrmals)

 langsam ratschen

 2 x bedächtig, danach dumpfesTremolo

 gelegentlich dazu

(5)
Einmal bekam Sabine mitten im Sommer
ganz großen **Appetit** auf Pfefferkuchen.
Sie **zwickte** dem **Kasper** im Korb der
Pfefferkuchenfrau die **Bommel** von der
Zipfelmütze ab und aß sie. Da merkte sie,
wie **hart und trocken** das Pfefferkuchen-
paar geworden war.
Pfefferkuchenleute muss man eben in der
Weihnachtszeit essen, wenn man sie
essen will.

 1 x langsam ratschen

 1 x halblaut

 Motive kurz andeuten

 + 2 x anschlagen

 1 x leise

(6)
In der nächsten Weihnachtszeit hingen
sie wieder am **Weihnachtsbaum** und
durften tanzen. So ging das **Jahr für
Jahr**.

 Liedanfang anspielen,
Übergang in „Alle Jahre ..."
auf Metrum (als Liedbegleitung)
jeweils auf Taktanfang (ebenso)

 Liedanfang übernehmen,
dann weiter summen

(7)
Heute ist Sabine schon **groß**. Sie hat die

Pfefferkuchenfrau und den **Pfefferkuchenmann** in ihren Setzkasten gestellt
und
denkt oft an das erste **Weihnachtsfest**
mit den beiden zurück. Und wenn die
beiden nicht zu Weihnachten am
Tannenzweig tanzen würden, wäre für
Sabine der Weihnachtsbaum gar nicht
richtig geschmückt.

 1 x hoch- 1 x tief

 Motive anspielen

 leise schütteln, im Grundschlag zum Weihnachtslied
„O Tannenbaum" einsetzen
dazu Liedmelodie

 mit Stufentönen

 Metrum (als Liedbegleitung)

 auf Taktanfang (ebenso)

WAS DER MICHA VON BETHLEHEM TRÄUMTE

SCHWIERIGKEITSGRAD: 🕐 🕐 🕐

Micha träumt, er werde als Hirtenjunge von Bethlehem nicht zum Jesuskind mitgenommen. Nach der Rückkehr der Hirten läuft er heimlich allein zum Stall, doch ist die heilige Familie schon weitergezogen. – Beim Aufwachen tröstet ihn seine Mutter.

Instrumente:

Sopran-Glockenspiel	Sopran-Xylophon	Glockenkranz	Hängendes Becken
Alt-Glockenspiel	Alt-Xylophon	Guiro	Hände
Alt-Metallophon	Bass-Xylophon	Triangel	Füße
Handtrommel	Xylophon-Klangstab	Cymbeln	Stimme
Klanghölzer	Röhrenholztrommel	Schellenstab	Tierstimmendosen

Bemerkungen:

Der Text dieser Geschichte hat sechs Abschnitte. Die Signalwörter sind im Fettdruck hervorgehoben. Beides soll die Erarbeitung als Klanggeschichte erleichtern:
Die Signalwörter zeigen den Schülern den Einsatz ihres Instruments bzw. Geräuscherzeugers an.
Für den Vortrag des Textes ist eine besonders feinfühlige und lesegewandte Schülerin oder eine erwachsene Person nötig, um den Gesamteindruck der Aufführung nicht zu beeinträchtigen. Dementsprechend sollte in diesem Falle auch auf verteilte Rollen der wörtlichen Rede verzichtet werden.

Die Orff-Stabspiele werden ohne die Töne F und H eingesetzt, das nachklingende Metallophon mit langen Schwebetönen. Die Hirten sind durch den hölzernen Klang der Xylophone vertreten. Der Nacht-Hintergrund sollte in seiner Intensität variabel klingen. Um einer Ermüdung vorzubeugen, können sich auch mehrere Kinder abwechseln.
Zur klanglichen Feinabstimmung empfiehlt es sich, Untereinheiten (Nacht mit Engeln und Micha-Motiv, Frage-Antwort-Improvisation, Micha vor der Stalltür, Enttäuschung, Ausklang) vorab zu üben.
Sollten keine Tierstimmendosen (in Spielwarenläden) zu bekommen sein, können Schafe, Hund und Ochse auch durch geeignete Kinderstimmen imitiert werden.

 Ortfried Pörsel: Die Wetterhexe • Neue Klanggeschichten © FIDULA

TEXT

(1)
In der **Nacht** nach dem Heiligabend sah der Micha sich im **Traum**.
Er war ein Hirtenjunge. Ein ganz kleiner.
Die **Engel** waren schon am Himmel erschienen, und die Hirten wollten gerade zum **Jesuskind** gehen.
„Lass ihn hier", sagte ein Hirte und meinte Micha. „Der **Kleine** kann nicht schnell genug laufen."

Zusammen mit einem **alten Hirten**, der solange auf die Schafe aufpassen sollte, ließen sie den Micha zurück.
Da wurde er sehr **traurig** und fing an zu **weinen**. So leise, dass der alte Hirte es gar nicht merkte.

(2)
Als die Hirten vom Jesuskind **zurück-kamen** und voller **Staunen** und **Freude** davon erzählten, schlich Micha sich weg und **weinte** heimlich noch mehr.
„Meine Beine sind nicht zu kurz",
schluchzte er. „Ich kann auch gut laufen.

Ich kann **schnell laufen**."

Ganz **zornig** flüsterte er: „Das werd ich euch zeigen."

(3)
In dieser **Nacht** hielt er sich **wach**.
Das war diesmal gar nicht so schwer, weil der **Ärger** ihn nicht schlafen ließ.

(4)
Bei den Hirten und den Schafen war es still geworden.
Alle **schliefen**. Nur Micha nicht. Er **schlich** sich mäuschenstill **davon**. Als er weiter weg war, **lief** er, so **schnell** seine Beine ihn trugen. Immer auf den **Stern** zu, der über dem Stalle stand.
Wie flink das ging! Das hätten die Großen mal sehen sollen!
Hopp hopp – zick zack,
hopp hopp – zick zack.
Über Wurzeln und Steine.
Dann hatte er sein **Ziel erreicht**.

KLÄNGE & GERÄUSCHE

+ Tremolo fortlaufend — mehrmals
Tierstimmen: Schafe und Hund
SX — Micha-Motiv (improvisiert)

AM — Schwebetöne (ohne F und H)

SG — frei improvisieren

AX — tiefes C 4 x — 1 x dumpf
Tierstimmendose: Schafe

BX — tiefes C 4 x, dann leise improvisieren

SX — Tremolo auf C+D, leiser werdend
Tierstimmen: Schafe und Hund

BX — Frage-Antwort-Improvis. mit AX
1 x leise — akzentuierend

SX — Tremolo auf C+D, leiser werdend
schnell + Tierstimmen: Schafe
leise rasseln

Tremolo; gelegentlich
wiederholt leise rasseln

AX — leiser werdend improvisieren

Stimme: Schlafatem
Finger leise tippend — anschließend schnell
gelegentlich — leise ausschwingend
2 x — 1 x tief - hoch
2 x — 1 x tief - hoch
allmählich anhaltend — leise ausschwingend

Schnaufend **blieb** er vor der Stalltür
stehen und traute sich nicht hinein.
Die Hirten hatten erzählt, sie seien
einfach hineingegangen in den Stall. Ein
Engel hatte sie ja geschickt.
„**Mich** hat er **auch** geschickt", sagte
Micha zu sich selbst. „Ich will das
Königskind sehen."

(5)
Er zog die schwere **Tür auf.**

Aber wie groß war seine **Enttäuschung!**

Im Stall stand nur noch der **Ochse** und
guckte ihn mit seinen großen **Glubsch-
augen** an, als wollte er sagen:
„Zu spät gekommen! Sie sind schon
weg!"
Und wirklich! Es war **kein Esel** mehr da.
Keine Maria. Kein Josef. Und schon gar
nicht das **Jesuskind.**
Da fing der Micha wieder an zu **weinen.**

Er **stampfte** mit dem Fuß auf und

trommelte mit seinen kleinen
Fäusten gegen die **Stalltür:**
„Warum haben die Großen mich nicht
mitgenommen zum Stall!" rief er. „So eine
Gemeinheit!"

(6)
Da **wachte** er **auf.** Seine **Mutter** stand
neben dem Bett.
„Hast du schlecht geträumt?" fragte sie.

Micha erzählte, von seinem Traum und
seiner großen Enttäuschung.

„Weißt du was?" sagte sie
und **strich** ihm über das **Haar.**

„Morgen **knetest** du einen kleinen **Hirtenjungen.** Das sollst du sein. Den stellen
wir zu unserer **Weihnachtskrippe**, mitten
unter die Hirten, damit du immer weißt,
dass du doch **nicht zu spät** gekommen
bist.

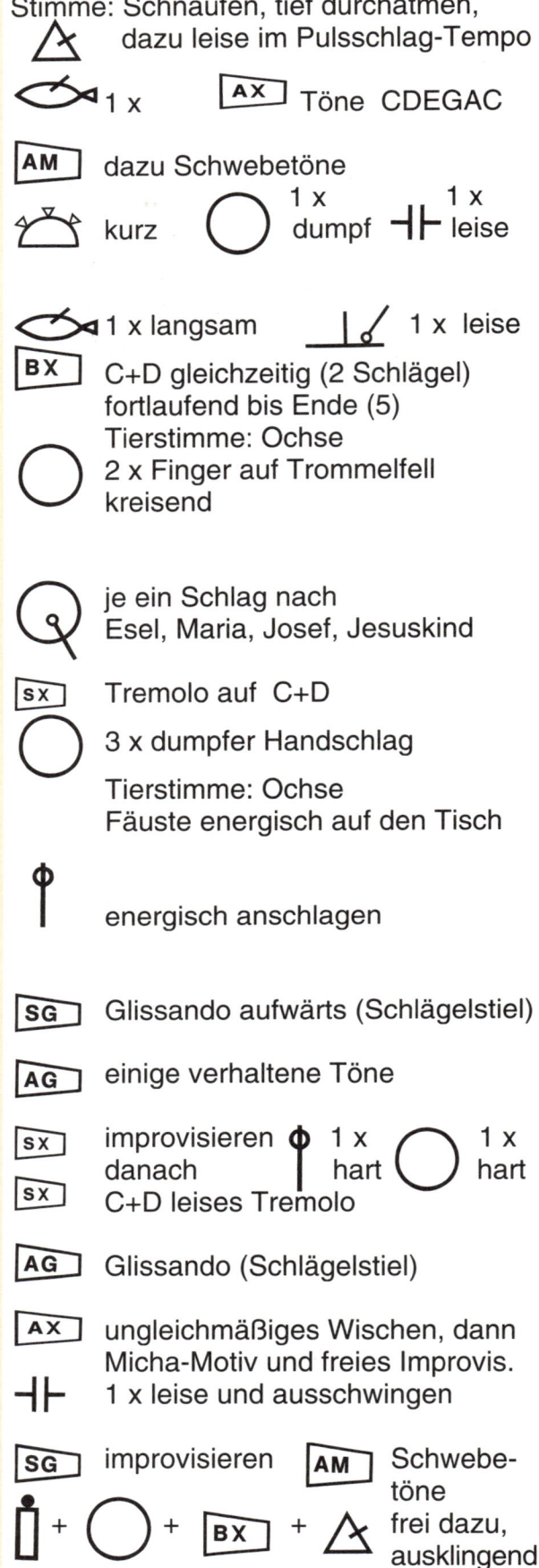

Stimme: Schnaufen, tief durchatmen,
dazu leise im Pulsschlag-Tempo

1 x   AX   Töne CDEGAC

AM   dazu Schwebetöne

kurz   1 x dumpf   1 x leise

1 x langsam   1 x leise

BX   C+D gleichzeitig (2 Schlägel)
fortlaufend bis Ende (5)
Tierstimme: Ochse
2 x Finger auf Trommelfell
kreisend

je ein Schlag nach
Esel, Maria, Josef, Jesuskind

SX   Tremolo auf C+D

3 x dumpfer Handschlag

Tierstimme: Ochse
Fäuste energisch auf den Tisch

energisch anschlagen

SG   Glissando aufwärts (Schlägelstiel)

AG   einige verhaltene Töne

SX   improvisieren   1 x hart   1 x hart
danach
SX   C+D leises Tremolo

AG   Glissando (Schlägelstiel)

AX   ungleichmäßiges Wischen, dann
Micha-Motiv und freies Improvis.

1 x leise und ausschwingen

SG   improvisieren   AM   Schwebetöne

+ ○ + BX + △   frei dazu,
ausklingend

   Ortfried Pörsel: Die Wetterhexe • Neue Klanggeschichten © FIDULA

IN BETHLEHEM

SCHWIERIGKEITSGRAD:

Die Weihnachtsgeschichte (ohne Besuch der Könige) wird in Strophenform erzählt.

Instrumente:

Sopran-Glockenspiel	Xylophon-Einzelstab	Holzblocktrommel	Triangel
Alt-Metallophon	Handtrommel	Cymbeln	Guiro
Alt-Xylophon	Klanghölzer	Hängendes Becken	Stimme

Bemerkungen:

Die Weihnachtsgeschichte (Herbergssuche, Geburt und Besuch der Hirten) ist hier in vierzehn knappen, einfachen Strophen formuliert. Sie sind so gehalten, dass sie auch auswendig gelernt werden können.

Im fächerübergreifenden Unterricht wäre die Gestaltung der Sprachform durch sinnerschließendes Lesen und Vortragen dem **Deutschunterricht** vorbehalten. Dabei ist auf guten Sprachfluss zu achten.
Für den Vortrag ergeben sich folgende Möglichkeiten:

- Ein Kind spricht den gesamten Text allein.
- Zwei Kinder wechseln sich strophenweise ab.
- Ein Kind spricht jeweils die erste Zeile, ein zweites die übrige Strophe.
- Sieben Kinder sprechen der Reihe nach je eine Strophe bei zwei Durchgängen.
- Ein Erwachsener spricht den Text allein.

Im **Musikunterricht** erhalten die Strophen passende Klänge (Verinnerlichung durch emotionale Vertiefung). Die Instrumente können durch ähnlich klingende ersetzt werden. Die Stabspiele werden ohne F und H gebraucht. Alle Klangaktionen erklingen entweder zum Strophentext oder als Nachspiel zur jeweiligen Strophe.

Die Transparentvorlagen sollten auf DIN-A 4 vergrößert, im **Kunstunterricht** von Schülern ausgeschnitten, mit einfarbigem Seidenpapier hinterklebt und bei der Aufführung des Klangspiels strophenweise auf eine Leinwand projiziert werden. Auch die vorherige Herstellung von Farbdias wurde bereits als weitere Möglichkeit erprobt.

TEXT	KLÄNGE & GERÄUSCHE

TEXT

1.
Vor langer Zeit,
vor langer Zeit
zog Joseph mit Maria weit
bis nach Bethlehem.

2.
Sie fragten an,
sie fragten an,
ob man wohl übernachten kann

dort in Bethlehem.

3.
Der Wirt sagt: „Nein!"
und nochmal: „Nein!"
Mein Haus ist voll und viel zu klein.
Voll ist Bethlehem."

4.
„Ein Stall", sagt er,
„ein Stall", sagt er,

„muss für euch reichen. Der ist leer
nah bei Bethlehem."

5.
Dort blieben sie,
dort blieben sie,
zusammen mit dem lieben Vieh,
im Stall bei Bethlehem.

6.
Bei Esel und Rind,

bei Esel und Rind

kam zur Welt das Jesuskind
im Stall bei Bethlehem.

7.
Der Engel sprach,
der Engel sprach:
„Geht hin, ihr Hirten, und seht nach
im Stall bei Bethlehem.

KLÄNGE & GERÄUSCHE

 1 Beckenschlag (Filzschlägel)

 im Schritttempo

im Schritttempo

 langsamer werdend

langsamer werdend

3 Schläge

 je 1 lauter Schlag
am Schluss der Zeile

 je 1 Schlag, von G an abwärts
(ohne F!)

AM frei und leise improvisierend

 leise und gleichmäßig

 auf Trommelfell kreisend (Filz)

 AM frei und leise improvisierend

 leise und gleichmäßig

 AX gleichmäßig auf C

 gleichmäßig auf C

 SG von oben nach unten improv.

 vorab 1 lauter Schlag, dann
leise am Beckenrand weiter

 leise

8.
Am Sternenzelt,
am Sternenzelt
sangen die Engel in alle Welt

vom Kind in Bethlehem.

SG	frei improvisierend
AM	frei improvisierend
AX	+ ▯ gleichmäßig auf C

9.
Sie gingen hin,

sie gingen hin

und fanden in dem Stalle drin
das Kind von Bethlehem.

‖	im Schritttempo
▭	3 Schläge (= Anklopfen)
🐟	langsam streichen (= Öffnen)

10.
Ein Fell, ein Tuch,
ein Fell, ein Tuch,

ein Fladenbrot. Das war genug
fürs Kind von Bethlehem.

AX	aufwärts und abwärts streichen
⊘	auf Trommelfell kreisend (Filz)

11.
Da lachte es,
da lachte es!
Froh und glücklich machte es
die Hirten von Bethlehem.

SG	aufwärts hüpfend
AM	frei improvisierend

12.
Sie sangen schon,
sie sangen schon
mit den Engeln in einem Ton
fürs Kind von Bethlehem.

weiter

beide frei improvisierend

13.
Dann liefen sie,
dann liefen sie

zurück zur Weide und dem Vieh,

die Hirten von Bethlehem.

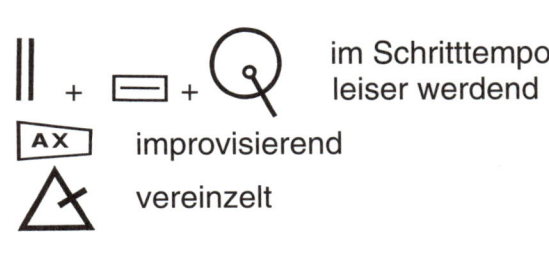

‖ + ▭ + ⊘	im Schritttempo leiser werdend
AX	improvisierend
△	vereinzelt

14.
Seit dieser Nacht,
seit dieser Nacht

hat es uns alle froh gemacht,
das Kind von Bethlehem.

SG	beide frei improvisierend und leiser werdend
AM	
AX	+ ▯ Tremolo auf C leiser werdend

TRANSPARENTVORLAGEN

8

9

10

11

12

13

14

EIN KIND IST UNS GEBOREN

SCHWIERIGKEITSGRAD: ⏰ ⏰ ⏰

Die Weihnachtsgeschichte nach Lukas in drei Szenen, gereimt in Versen

Instrumente:

Sopran-Glockenspiel	Handtrommel	Schellenstab	Hand
Alt-Metallophon	kleines Triangel	Guiro	Stimme
Metallophon-Klangstab	großes Triangel	Klanghölzer	Tierstimmendosen
Alt-Xylophon	Cymbeln	Glockenkranz	großes Gefäß
Bass-Xylophon	Hängendes Becken	Schellenkranz	Schlüsselbund
Xylophon-Klangstab	Schellenreifen		

Vorbemerkungen:
Die Weihnachtsgeschichte in Form eines Krippenspiels bleibt gegenüber der instrumentalen Illustration vorherrschend. Die Instrumente haben mit Ausnahme der Engelszene dienende Funktion.
Bei der musikalischen Erarbeitung ist es wichtig, bestimmte „Unterszenen" instrumental gut aufeinander abzustimmen (und entsprechend vorher zu üben), um einen einheitlichen Klangeindruck zu erreichen. Dies betrifft *die Engelszene, den Beginn der Stallszene, den Auftritt der Könige und den Ausklang*.

Für eine Aufführung gibt es die Alternative:
• Lesung mit verteilten Rollen
• szenische Darstellung als Krippenspiel.

Hier bietet sich eine fächerübergreifende Zusammenarbeit von Laienspielgruppe, Musikgruppe, Kostümgruppe und Werkgruppe (Kostüme und Bühnenbild) an. Sicher sind auch engagierte Eltern zur Mithilfe bei der Vorbereitung des Vorhabens bereit. Angemessen ist eine nicht zu üppige Ausstattung, die den Kindern noch Raum für eigene Phantasie lässt.

Ortfried Pörsel: Die Wetterhexe • Neue Klanggeschichten © FIDULA

TEXT

(1) AN DER HERBERGE

Josef und Maria vor der Tür der Herberge

Josef:
Dies ist Bethlehem, Maria.
Hier lebte ich als Kind.
Maria:
Ach, Josef, wie bin ich froh,
dass wir angekommen sind.
Josef:
Der Weg war weit von Nazareth.
Jetzt brauchen wir einen Tisch und ein Bett.
Maria:
Und wär es nur ein Bett mit Stroh.
Zum Schlafen reicht das ebenso.

Josef klopft an die Tür der Herberge.

Der Wirt öffnet.

Josef:
Einen guten Abend wünschen wir
und blieben gern ein paar Nächte hier.
Wirt:
Es tut mir leid! Mein Haus ist voll.
Weiß nicht, wie ich euch helfen soll.
Maria:
Wir sind so müde und wären froh,
hätten wir nur ein Bett mit Stroh!
Wirt:
Was sagst du, Frau? Ein Bett mit Stroh?
Stroh kann ich euch geben.
Maria:
Das tut's ebenso.
Josef:
Ist doch noch Platz in diesem Haus?
Wirt:
Nein. Aber schaut mal da hinaus!
Dort auf dem Felde steht mein Stall.
Der reicht zum Schlafen auf jeden Fall.
Wirt gibt Josef einen Schlüssel.
Dort könnt ihr ein paar Tage sein.
Auch euer Esel passt hinein.
Josef:
Wir danken sehr, ,s wird höchste Zeit.
Komm, Maria, 's ist nicht mehr weit.
Wirt schließt die Tür. Josef und Maria ab.

KLÄNGE & GERÄUSCHE

Tremolo   Schritttempo   gelegentlich
dann anhaltend

SG	heiter improvisieren
AX	verhalten leise improvisieren

 mit Faust auf Holz klopfen
 kurz schütteln

 1 x langsam

 1 x leise

 1 x mit flacher Hand
patschen

SG	heiter improvisieren wie oben

AX	verhalten leise improvisieren wie oben

Schlüsselbund schütteln

 1 x langsam (= Türe schließen)

Tremolo   Schritttempo   gelegentlich

(2) AUF DEM FELDE

Ein Hirte wacht. Die beiden anderen und der Hirtenjunge schlafen.

1. Hirte:
Die haben's gut! Die können schlafen.

Ich muss wachen bei unseren Schafen.
Mir fallen fast die Augen zu.
Was gäb ich für ein Stündchen Ruh!
Engel erscheint.
Hirte wendet sich geblendet ab.

Engel:
Wacht auf, ihr Hirten! Hört auf zu schlafen!

Ihr liegt hier friedlich bei euren Schafen...
Hirtenjunge:
Ein Engel! Ein Engel mit leuchtendem Haar!
1. Hirte:
Das ist ein Wunder!
2. Hirte:
Ja, das ist wahr!
Engel:
Ein Wunder ist heute Nacht geschehn!
Steht auf! Ihr sollt das Wunder sehn!
Das Jesuskind kam auf die Welt.
3. Hirte:
Hört ihr, was er uns erzählt?
1. Hirte:
Ein Kind?
2. Hirte:
Ein Kind.
Hirtenjunge:
Das Jesuskind!
Engel:
Von Gott gesandt, bei Esel und Rind.
Geht hin! Ihr findet's in einem Stall.
Schaut's an und erzählt es überall.
Mehrere Engel:
Geht hin und sucht das Kind im Stalle!
Freut euch darüber. Wir freuen uns alle.
Ehre sei Gott!
Engel ab.

1. Hirte:
Ich glaub, ich träume. Habt ihr das gesehn?
2. Hirte:
Na klar! Kommt, lasst uns gehen!
Wir suchen jetzt das Jesuskind.

Tremolo   gelegentlich

Stimmen: schnarchen, gähnen

 + ohne F + H
leise improvisieren

 1 x halblaut

 schütteln (ganze Szene)

 improvisieren (ohne F + H)

 Tremolo (bis Abgang Engel)

 1 x anschlagen u. Kreis ziehen

 differenziert schütteln

ebenso

 Jesuskind-Motiv (ohne F + H)

improvisieren
(ohne F + H)

 gelegentlich

Stimme: „iah" – „muh!"
Tierstimmendosen

 Kanonmelodie „Ehre sei Gott"
(s. Seite 137)

 C Tremolo

1 dumpfer Schlag

Hirtenjunge: *hüpfend*

Und Ochs und Esel
und Esel und Rind.
3. Hirte:
Kommt! Schnell! Im Siebenmeilenschritt!
1. Hirte:
Und jeder nimmt für das Kind etwas mit.
Hirten nehmen Fell, Fladenbrot, Decke.
Hirten ab.

(3) IM STALL VON BETHLEHEM
Maria legt das Jesuskind vom Schoß in
die Krippe.

Maria:
Es war höchste Zeit für mich und das Kind.
Wie gut, dass wir untergekommen sind.
Ein ärmlicher Stall. Ein einfaches Haus.
Schau nur!
Unser Kind sieht so freundlich aus!

Josef schaut auf das Jesuskind, bückt sich
und streicht Maria übers Haar.

Josef:
Gott hat's so gewollt. Wir sind nicht allein.
Es sollte der Stall mit der Krippe sein.
Es pocht an die Tür.

Maria:
Wer ist das? Wer kommt um Mitternacht?

Josef geht zur Tür und öffnet.

1. Hirte:
Ist hier ein Kind zur Welt gebracht?
2. Hirte:
Das Jesuskind kam auf die Welt.
Ein Engel hat davon erzählt.
Maria:
Ein Engel?
3. Hirte:
Er sagte: Das Jesuskind
liegt im Stall bei Esel und Rind.
Hirtenjunge:
Hier ist der Esel und hier ist das Rind!

Wetten, dass wir hier richtig sind?
Zeigt dabei auf die Tiere.

1. Hirte:
Wie er sagte.

Symbol	Anweisung
‖	im Hüpfrhythmus
	Stimmen: „Iah!" – „Muh!" Tierstimmendosen
◯	mehrmals rasche Folge
▯ C	leiser werdend weiter
SG	Jesuskind-Motiv
SG	heiter improvisieren
AM	Improvisieren (ohne F + H)
◯	mehrere Schläge oder mit Faust auf Tisch
AX	leise wischen auf CDE
◁	langsam streichen
SG	Jesuskind-Motiv
	Stimmen: „Iah!" – „Muh!" oder Tierstimmendosen
AX	mit Schlägelstiel aufwärts
◯	1 dumpfer Schlag

2. Hirte:
Genau,
zwei Tiere*, ein Kind*, ein Mann*, eine Frau*.
3. Hirte:
Du liebes Kind, wir freuen uns so,
liegst du auch nur in der Krippe auf Stroh.
Hirtenjunge:
Wir haben dir etwas mitgebracht!
1. Hirte:
Damit's dich nicht friert in der kalten Nacht.
2. Hirte:
Dann schläfst du gut und schreist nicht so
lang, sonst wird deinen Eltern noch angst
und bang.
Hirten legen die Geschenke auf die Krippe.

3. Hirte:
Jetzt wird es Zeit, nach den Schafen zu
sehen.
Wir waren beim Kind. Nun lasst uns gehen.
Hirtenjunge:
Ich will aber noch ein bisschen bleiben,
will dem Kind die kalten Händchen reiben.
1. Hirte:
Komm!
*Schiebt den Hirtenjungen sanft zur Tür.
Der schlüpft hinaus und kommt gleich
danach wieder herein.*
Hirtenjunge:
Schaut raus! Da kommt noch mehr Besuch!
Drei hohe Herren in feinem Tuch!
Hirten schauen durch die offene Tür.

1. Hirte:
Sie steigen ab.
2. Hirte:
Sie kommen zur Tür!
3. Hirte:
Macht Platz! Gleich sind sie hier!
*Diener stellen sich an der Tür auf.
Kaspar, Melchior und Balthasar kommen
herein.*

Kaspar:
Wir wünschen eine frohe Nacht.
Ein Stern hat uns hierher gebracht.
Melchior:
Er führte uns viele Meilen weit.
Balthasar:
Doch kommen wir zur rechten Zeit*.

 je 1 leichter Schlag bei *

 kurz schütteln

 ebenso

 mit flacher Hand patschen

flache Hand auf Tisch
Stimme: blöken
Tierstimmendose

 Fingerkuppen reiben

 2 x (= Tür auf und zu)

 Tremolo, lauter werdend

 kurz schütteln

 C im Schritttempo

 langsam streichen

 nicht zu laut

 verhalten weiter

 nach * 1 x

Kaspar:
Ein Kind soll hier geboren sein.

Melchior:
Da liegt's in der Krippe beim Lampenschein!

Balthasar:
Wir sind am Ziel unserer langen Reise.
Hier liegt es, das Kind, und schlummert leise.
Dieses Kind schickt Gott auf unsere Erde.
Kniet nieder und gibt Gold im Gefäß.

Kaspar:
Damit endlich Frieden auf Erden werde.
Du liebes Kind, es ist geschehen.
Wir können dich mit unseren Augen sehen.
Gibt dabei sein Gefäß.

Melchior:
Du liebes Kind, wir können's kaum fassen,
dass Gott dich uns hat sehen lassen.
Stellt sein Gefäß vor die Krippe.

Balthasar:
Du liebes Kind, wir danken dir.
Du kommst zur Welt, bist bei uns hier
auf Heu und Stroh im Lampenschein.
Nun sind wir alle nicht mehr allein.

Kaspar, Melchior und Balthasar wenden sich ab und gehen hinaus, Hirten ebenfalls.

Maria:
Ach Josef, mein Josef, kannst du das verstehen,
was wir heute Nacht gehört und gesehen?
Die Hirten! Die Weisen! Ich kann es kaum fassen.

Josef:
Das alles hat Gott geschehen lassen.

[SG] Jesuskind-Motiv, dann weiter improvisieren

[AM] verhalten improvisieren (ohne F + H)

[AX] verhalten improvisieren (ohne F + H) bis Ende

Gefäß auf Boden stellen

2 kleine Kreise

Gefäß auf Boden stellen

1 x leise

Gefäß auf Boden stellen

[SG] wie oben

[AM] wie oben

[AX] wie oben

in den Schluss übergehend

+ beide im Schritttempo, leiser werdend

+ gelegentlich aber nicht gleichzeitig

leise

verhalten improvisierend

[SG] Jesuskind-Motiv noch einmal, alle leise verklingend

1 x sehr gefühlvoll *pp*

UNTERM STERN VON BETHLEHEM

SCHWIERIGKEITSGRAD: ⏰ ⏰ ⏰

Die Weihnachtsgeschichte nach Lukas

Instrumente:

Sopran-Glockenspiel	Bass-Xylophon	Schellenreifen	Klanghölzer
Alt-Glockenspiel	Xylophon-Klangstab	Handtrommel	Holzblocktrommel
Alt-Metallophon	Cymbeln	Guiro	Röhrenholztrommel
Sopran-Xylophon	Hängendes Becken	Kettenrassel	Blockflöten
Alt-Xylophon	Schellenkranz	Triangel	Keyboard

Vorbemerkungen:

Die Adventszeit ist in der Grundschule eine Zeit von Aktivitäten, die auf das Weihnachtsfest bezogen sind. Dabei spielt Musik mit ihren vorweihnachtlichen und weihnachtlichen Gestaltungsmöglichkeiten eine wesentliche Rolle. Sie drückt die erwartungsvolle Stimmung der Kinder in besonderer Weise aus. Alte und neue Weihnachtslieder erzählen von der Bedeutung der Geburt eines Kindes in Bethlehem. Sie bieten sich seit jeher zur Vermittlung an. Daneben wurden schon immer Spielszenen und Krippenspiele eingeübt und aufgeführt.
Seit der Einführung von Klangspielen insbesondere mit Orff-Instrumenten ist die Möglichkeit gegeben, die Weihnachtsgeschichte auch mit diesen Mitteln zu gestalten.

Diese Klanggeschichte hat die vollständige sogenannte Weihnachtgeschichte zum Inhalt und ist für die oberen Klassen der Grundschule bzw. Arbeitsgemeinschaften geeignet.

Der Text

Der hier vorgeschlagene Text orientiert sich am Lukasevangelium. Der biblische Text wurde ausschmückend erweitert, wie wir es aus volkstümlichen Weihnachtsgeschichten seit mehreren Jahrhunderten kennen, und in einer kindgemäßen Ausdrucksweise formuliert. Bildhafte Erzählungen eignen sich besonders gut für eine Verklanglichung.

Die Erzählung ist in fünf Teile gegliedert, die durch Zwischenmusiken sowohl voneinander abgehoben als auch miteinander verbunden werden. Eine Ausnahme bildet der „Marsch der Könige", der in Verbindung mit dem gesprochenen Text musiziert wird. Selbstverständlich können auch einzelne Szenen für sich gestaltet werden.

 Ortfried Pörsel: Die Wetterhexe • Neue Klanggeschichten © FIDULA

Angesichts des Textumfangs empfiehlt sich eine Rollenvergabe an mehrere Kinder, die gut artikulieren und die klangliche Umsetzung verstehen.
Im Einzelfall kann auch ein Erwachsener die Sprecherrolle übernehmen.
Die Erarbeitung des Textes sollte zunächst getrennt durch fächerübergreifende Zusammenarbeit im Deutschunterricht oder im Religionsunterricht erfolgen.
Nach getrennter Erarbeitung schließt sich die Kombination von Text und Klangform in einer zweiten Phase an.

Die Verklanglichung

Art und Umfang der Verklanglichung sind abhängig von den vorhandenen Instrumenten, der Anzahl der mitwirkenden Kinder und von deren Erfahrungen im Gestalten von Klanggeschichten. In der Erarbeitungsphase sollte die Lehrkraft den Text selbst sprechen und jedes beteiligte Kind den gesamten Text mit markierten Einsätzen für das jeweilige Instrument vor sich haben.
Wegen des großen Textumfanges ist ein solches Vorgehen empfehlenswert, weil es den Kindern Sicherheit vermittelt.
Die Klangpartitur kann – je nach Voraussetzungen – vereinfacht oder durch zusätzliche Klangeffekte ergänzt werden. Geeignete Schülervorschläge sollten prinzipiell aufgegriffen werden. Doch ist darauf zu achten, dass der Schwierigkeitsgrad durch Ausweitungen nicht zu einer Überforderung der Kinder führt.
Klangähnliche Instrumente sind selbstverständlich austauschbar. Eine Anordnung der Instrumente nach Klangfarbengruppen wirkt sich günstig auf die Einübung und den Gesamtklang aus.
Die Erarbeitung der Zwischenmusiken kann von Musikarbeitsgemeinschaften übernommen werden. Hier fließen Fähigkeiten ein, die Kinder im Spiel auf der Blockflöte außerhalb der Schule gewonnen haben.

Folgende Ausführungsmöglichkeiten bieten sich an:

- Klanggeschichte ohne Musikstücke
- Klanggeschichte mit Musikstücken, von Blockflöten gespielt
- Klanggeschichte mit Musikstücken, von Blockflöten und einigen Begleitinstrumenten gespielt
- Klanggeschichte mit Musikstücken in vollständigen Sätzen

TEXT	KLÄNGE & GERÄUSCHE

Anfangsmusik (Seite 131)

(1) UNTERWEGS
Vor zweitausend Jahren gab es rings um
das Mittelmeer ein riesiges Reich, das
der Kaiser Augustus regierte.

 1 Schlag mit Filzschlägel

C   leise fortlaufend mäßiges
Tempo

Dieser wollte gern wissen, wieviele
Menschen in seinem Reiche leben.
Deshalb erließ er den Befehl, alle zu
zählen.
Dazu musste jeder mit seiner Familie
dorthin reisen, wo er geboren war.

 in gleichem Tempo dazu

Zu dieser Zeit lebte in der Stadt Nazareth
ein Zimmermann mit Namen Josef.
Der brach nun eines Tages auf, um mit
seiner Verlobten, die Maria hieß, nach
Bethlehem zu reisen. Denn seine Familie
stammte aus dieser Stadt.

 G + C als Quinte dazu

Er holte seinen Esel aus dem Stall,
half Maria hinauf und lud auch
Verpflegung und ein paar **Decken** auf,
für die Nacht, falls es kühl würde.

 3 x im Wechsel (= Ia!)

flache Hand patschen nach
Verpflegung und **Decken** 1 x
dazu C+G als Quinte ebenso

Dann zogen sie los.
Die Reise war lang und beschwerlich.
Der Esel trottete den Weg entlang,
hügelauf und hügelab,
und wenn sie müde wurden,
machten sie Rast unter einem Ölbaum.

 G+C als Quinte, mäßiges
Schritttempo

 Gleitklang aufwärts und abwärts
langsamer
und aufhören

Da dachte Maria an das Kind, das sie
bekommen sollte, und freute sich darauf.

 (ohne F und H)
langsam improvisieren

Sie sang ein kleines Lied, das ihr
immer dann in den Sinn kam.

 Melodie Zwischenmusik 4,
auch summen

Dann zogen sie weiter
– an der großen Stadt Jerusalem vorbei –
in Richtung Bethlehem.

 Schritttempo wie oben +

 am Schluss 1 x

Zwischenmusik 1 (Seite 132)

(2) IN BETHLEHEM
Endlich sahen sie Bethlehem vor sich
liegen, die Stadt, in der Josef als Junge
gewohnt hatte. Dort kannte er jedes
Haus. Deshalb wusste er auch, wo sie
Unterkunft finden konnten.

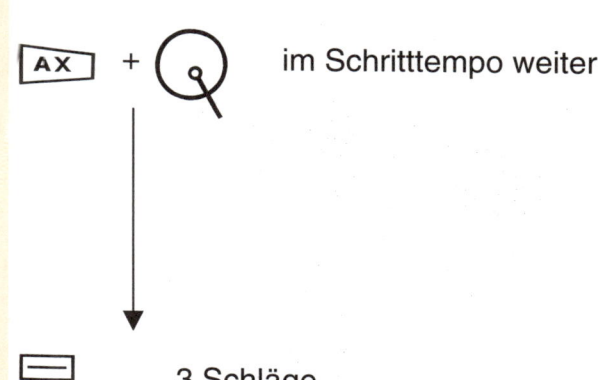

im Schritttempo weiter

Als er aber an die Tür klopfte,
schaute der Wirt heraus

3 Schläge
1 x

und schüttelte den Kopf.
„Es ist alles belegt in meiner Herberge",
sagte er.
„Ich habe keinen **Raum**,
keine **Kammer**
und keine **Lagerstatt** für euch.
Versucht es woanders!",
und schlug die Tür **zu**.

3 x hin und her

je 1 x <u>nach</u>
Raum, **Kammer**, **Lagerstatt**

noch 1 x nach **zu**.

Da gingen sie durch die dunklen Straßen
zur anderen Herberge.

AX   CD – DE – GA - AH
je 6 Achtel

Aber als sie an die Tür klopften,

3 Schläge

schaute der Wirt heraus

1 x

und schüttelte den Kopf.
„Ihr kommt reichlich spät", sagte er auf
Josefs Frage.
„Ich habe keinen **Platz**,
kein Lager für **euch**.
Aber wenn ihr mit einem Stall vorlieb
nehmt, kann ich euch helfen."

3 x hin und her

je 1 x <u>nach</u> **Platz** und **euch**,
dann 8 x,
leiser und langsamer werdend

Er gab ihnen den großen Schlüssel,
dazu eine Laterne
und wies ihnen den Weg zum Stall
in den Fluren von Bethlehem.
Dort fanden Maria und Josef eine Bleibe.

mit Schlüsselbund rasseln

AX   im Schritttempo weiter,
dazu
leises Tremolo

Zwischenmusik 2 (Seite 133)

(3) AUF DEM FELDE

Inzwischen war es Nacht geworden.
Der Sternenhimmel wölbte sich über den
Hügeln von Bethlehem.

Nicht weit vom Stall lagerten Hirten.
Sie hatten ihre Herde in die Umzäunung
getrieben. Ihre Hunde waren wachsam.

Hoch über ihnen leuchtete der Stern mit
dem langen Schweif, der zu dieser Zeit
am Himmel stand und auf Bethlehem
herabzeigte.

Plötzlich wurde der Himmel hell und
heller, wie am helllichten Tag. Es glitzerte
und leuchtete, es strahlte und glänzte.

„Was ist das?" rief der Hirte, der die
Wache hielt, während die anderen
schliefen.
„Wacht auf und schaut! Ein großes Licht
am Himmel! Wacht auf!"

Die anderen Hirten erwachten.
Sie erschracken und ihre Augen waren
geblendet.

Ein Engel sprach: „Fürchtet euch nicht!
Ich verkünde euch große Freude, euch
und allen Menschen. Denn heute ist euch
der Retter geboren. Geht hin und seht
das Kind. Es liegt in einer Krippe im Stall,
nahe der Stadt Bethlehem."

Noch als er das sagte, waren Engel am
Himmel, hundert und mehr. Viel mehr.

Sie sangen: „Ehre sei Gott in der Höhe
und Friede auf Erden!"

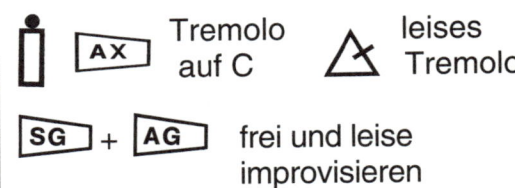

Tremolo
auf C

leises
Tremolo

frei und leise
improvisieren

Stimme: Schafe und Hund imitieren
oder Tierstimmendosen

gelegentlich

wie oben,
lauter werdend

weiter gleichmäßig laut
<u>alle</u> Xylophone
auf CDE hin und her

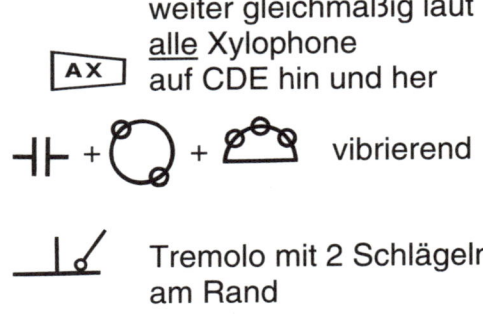

vibrierend

Tremolo mit 2 Schlägeln
am Rand

Instrumente
etwas
zurücknehmen

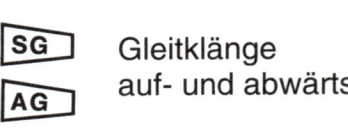

Gleitklänge
auf- und abwärts

Gleitklänge nur aufwärts,
leiser, verstummend

Ortfried Pörsel: Die Wetterhexe • Neue Klanggeschichten © FIDULA

Zwischenmusik 3 (Seite 134)

(4) IM STALL

Als die Engel verschwanden und es
wieder Nacht war, sagten die Hirten:
„Kommt, wir wollen zum Stall gehen
und die Geschichte sehen, die der Engel
uns verkündet hat."

Sie brachen eilig auf und zogen durch
Bethlehems Flur zum Stall.

Vorsichtig öffneten sie das Tor und
fanden darin Maria und Josef mit dem
Kind in der Krippe, wie der Engel es
ihnen gesagt hatte. Es lag in Windeln auf
Heu und Stroh.
Ein Esel stand auch im Stall und ein
Ochse, die beide schon müde waren.

Da knieten die Hirten vor dem Kind nieder
und gaben ihm die Geschenke, die sie in
der Eile mitgenommen hatten:
ein weiches Fell*,
auf dem es gut liegen konnte,
ein Fladenbrot*,
Milch und Käse* für die Eltern,
ein warmes Tuch* für Maria
und einen Hirtenstab* für Josef.

Ein Hirtenjunge blies auf seiner Flöte ein
Wiegenlied.

Sie schauten lange auf das Kind und
prägten sich alles ein, damit sie es genau
weitererzählen konnten. Sie freuten sich,
weil sie die ersten waren, die das Christ-
kind hatten sehen dürfen.
Aber sie waren nicht die einzigen.

Zwischenmusik 4 (Seite 134)

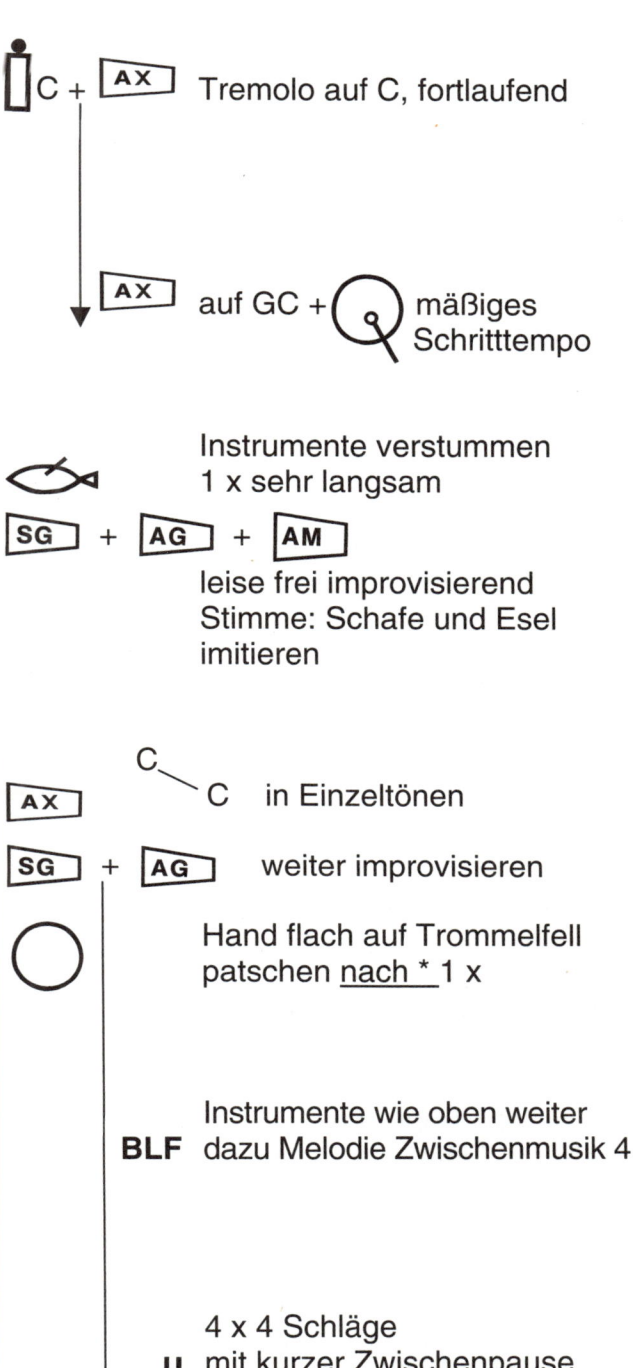

C + AX Tremolo auf C, fortlaufend

AX auf GC + ◯ mäßiges
Schritttempo

🐟 Instrumente verstummen
1 x sehr langsam

SG + AG + AM
leise frei improvisierend
Stimme: Schafe und Esel
imitieren

AX C—C in Einzeltönen

SG + AG weiter improvisieren

◯ Hand flach auf Trommelfell
patschen nach * 1 x

BLF Instrumente wie oben weiter
dazu Melodie Zwischenmusik 4

‖ 4 x 4 Schläge
mit kurzer Zwischenpause,
Instrumente verstummen

(5) DIE KÖNIGE

Die Hirten wollten gerade aufbrechen, um zu ihrer Herde zurückzukehren, da hörten sie von fern Musik, die immer näher kam. Eine lange Karawane zog von den Hügeln langsam auf den Stall zu, und der Stern wies dabei den Weg.

Marsch der Könige (Seite 135)

„Schau nur!" rief ein Hirtenjunge. „Eine Karawane! Das müssen wohl Könige sein in so feinen Gewändern, mit so vielen Kamelen, mit Dienern und Gefolge."

Sie waren inzwischen herangekommen und hielten an. Die drei Könige – Kaspar, Melchior und Balthasar – stiegen ab und gingen in den Stall hinein.

Josef und Maria waren stumm vor Staunen.

Die hohen Besucher mit den feinen Gewändern knieten vor der Krippe nieder. Sie sprachen leise zum Kind und gaben ihm Gold*, Weihrauch* und Myrrhe*.

Für sie war es selbst ein Geschenk, dass sie am Ende ihrer langen Reise das Kind sehen durften.

Als sie mit ihrem Gefolge von Bethlehem fortzogen und auch die Hirten zu ihrer Herde zurückgekehrt waren, wurde es still im Stall von Bethlehem. Der Stern mit dem langen Schweif strahlte hoch am Himmel, leuchtete auf Bethlehems Flur.

Schlussmusik wie Anfangsmusik

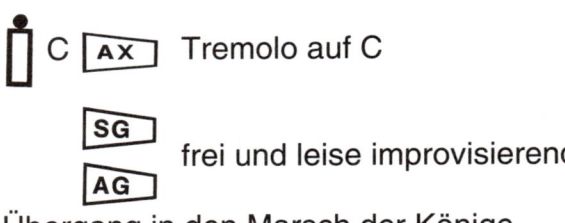

C — AX — Tremolo auf C

SG / AG — frei und leise improvisierend

Übergang in den Marsch der Könige

C — AX — Tremolo auf C

f — dazu alle Stabspiele, immer lauter werdend

ff — ritardando

1 x langsam

Tremolo **pp**

AX — C → C — in Einzeltönen 3 x

mit flacher Hand nach * 1 x patschen

SG / AG — leise frei improvisieren

Marsch der Könige, Takt 1 - 8

C + AX — mf ------------ pp — Tremolo auf C

SG / AG — leise frei improvisieren allmählich verklingend

Anfangsmusik

* Klang durch Berühren mit dem Finger stoppen

Zwischenmusik 1

Nachspiel:
Ritardando

Zwischenmusik 2

Zwischenmusik 3

Zwischenmusik 4

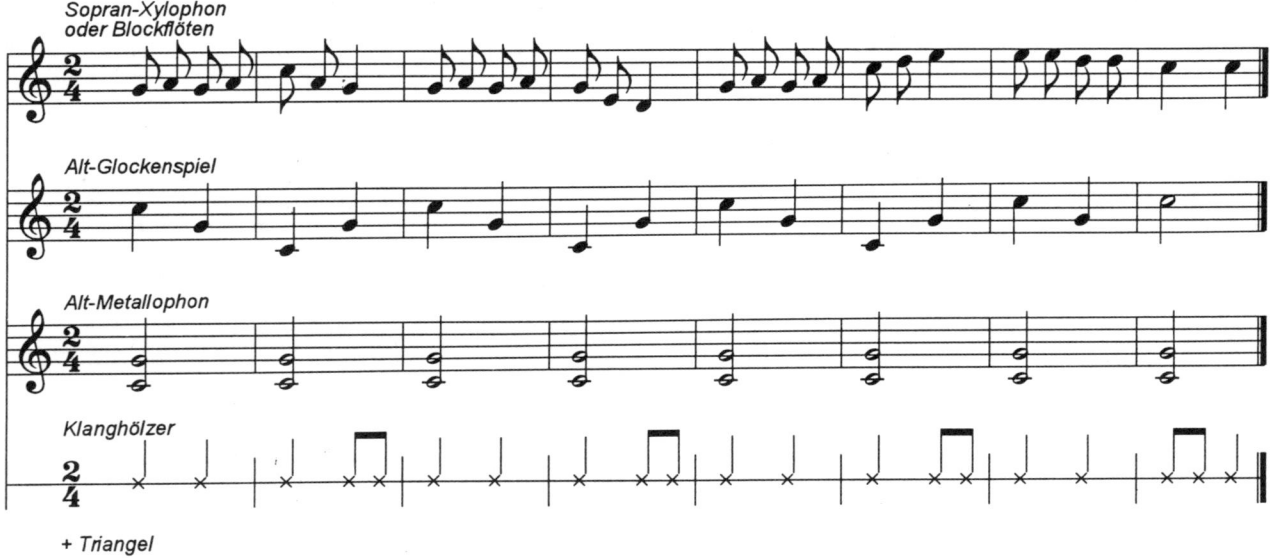

+ Triangel

Ortfried Pörsel: Die Wetterhexe • Neue Klanggeschichten © FIDULA

Marsch der Könige

Sopran-Xylophon
Alt-Xylophon 1
Alt-Xylophon 2
Bass-Xylophon
Holzblocktrommel
Handtrommel
Guiro
Kettenrassel
Cymbeln
Schellenrassel

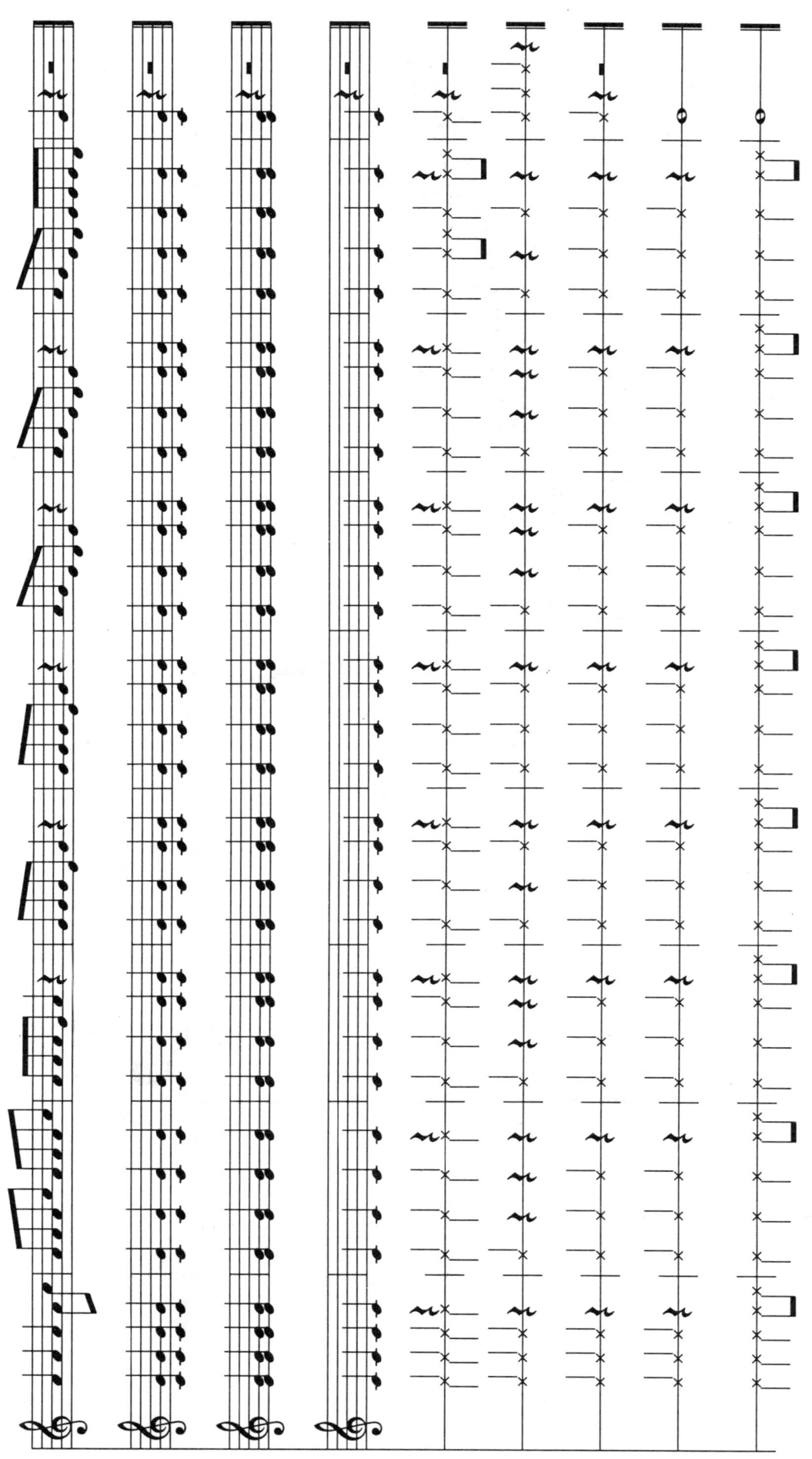

Ortfried Pörsel: Die Wetterhexe • Neue Klanggeschichten © FIDULA